Lectura y escritura avanzadas Libro del alumno

Para uso como complemento al Programa del Diploma del IB

Contents

Contents

Section 1 – Instructional and informative texts

Contents

Section 2 – Narrative and descriptive texts

Section 3 – Formal texts

Unit	Theme	Grammar / functional focus	Writing skill	Page
9 Solicitud de puesto de trabajo – writing a covering letter for a job application	Communication and media / World of work	Conditional to express polite wishes and make polite suggestions about the future Formal language	Imagining dialogues Organising information	73
10 Correspondencia comercial – writing a formal business letter	Communication and media / World of work	Conditional + *que* + imperfect subjunctive Expressing preferences Setting out conditions Using formal language to express intentions	Expanding from notes / instructions	80
11 Carta de reclamación – writing a letter of complaint	Leisure and culture / Health	*deber* Connectors of concession and contrast Complaining	Describing events and their consequences Linking contrasting ideas	86

Section 4 – Persuasive texts

Unit	Theme	Grammar / functional focus	Writing skill	Page
12 Tabaquismo y drogadicción – writing a persuasive text	Health / The individual and society	Textual links / linking words Convincing and persuading	Explaining reasons and consequences Building on existing arguments using connectors of addition Mind-mapping to gather information	93
13 Vegetarianismo – writing a campaign leaflet	Health / The individual and society	Suggestions using the *nosotros* form of the imperative Persuading	Using rhetorical devices to make a case Using an emotive style to appeal to the reader Structuring an argument using claim and counter-claim	99

Contents

Section 5 – Essays

Unit	Theme	Grammar / functional focus	Writing skill	Page
14 Internet en nuestras vidas – writing an essay presenting both sides of an argument	Communication and media	Elaborating using connectors of addition Presenting a balanced argument	Structuring an essay Paragraph building Elaborating points with further arguments or examples	**106**
15 Los medios de comunicación – writing an argumentative essay	Communication and media	Qualifying ideas Persuading	Building an argument within the context of a formal essay Describing consequences	**112**

Introduction

Welcome to *Lectura y escritura avanzadas – Libro del alumno.* This book is designed to help you to develop the skills to write clearly and coherently in a range of styles and registers and for different audiences. The book will introduce you to different text types and help you to get to know what characterises them. Most importantly of all, each unit will prepare you step by step to write texts of your own.

When writing it is very important to plan, draft, re-write, move around blocks of text, change words, redraft, discuss your progress, delete or add elements, etc. All of these form part of the process of writing. The exercises in this book encourage you to work together in small groups, to share your ideas and to discuss your drafts at each stage. This process will help you to think about the process of writing and to train you in the skills that you need to write good texts of your own.

Text types

The texts in *Lectura y escritura avanzadas – Libro del almuno* are divided into five sections as follows:

1   Instructional and informative texts

2   Narrative and descriptive texts

3   Formal texts

4   Persuasive texts

5   Essays

Below is an explanation of what characterises each of these types and makes it different from the others.

Instructional and informative texts

These texts are characterised by the present and future tense, the imperative and more concrete vocabulary. The model texts include a leaflet with travellers' tips, a short report, a travel itinerary and an e-mail to a friend giving instructions. The model texts in this section are shorter than those that appear later in the book and we have integrated activities to help you reflect on the writing process during this initial stage.

Narrative and descriptive texts

In these texts accounts are given in chronological, or near chronological order; typical features may include the use of time links, relative clauses, the past historic tense and the use of adjectives. Particular attention is paid in this section to the differences between subjective and objective language and how language forms achieve this. The model texts include an account of an ecological disaster, a biographical piece for a website, newspaper articles and a film review.

Formal texts

Formal texts observe certain conventions in terms of layout and the formality of the language. You are required to demonstrate the appropriate use of register at IB Diploma level and this can be achieved by analysing the model texts, identifying typical grammatical structures and set phrases and practising them. In this section you are required to write a response to a job advertisement, a letter of complaint and a business letter. You will learn how to link form to the function of language and communicate at a more sophisticated level.

Persuasive texts

In these texts the author intends to put across a particular viewpoint. Such texts are characterised by the use of an emotive style, certain expressions and rhetorical devices. You will practise analysing the way language is used to express the author's stance and opposing viewpoints. You will write an anti-drugs article and a campaign leaflet in this section.

Essays

Essays are texts which present both sides of an argument. The first model essay in the book is balanced; the conclusion is a balanced summary that raises a question about how to take the debate further. The second is discursive, but builds up the argument to the conclusion where the writer presents his / her viewpoint.

How to use the book

In *Lectura y escritura avanzadas – Libro del alumno* you will meet a wide variety of text types and styles. As the title suggests, the writing process in the book is divided into two halves: reading, and then writing. Each of the five sections of the book consists of a number of units. Each unit presents you with a text that exemplifies a particular text type. You are then helped to analyse how the text is put together before embarking on the writing of a piece on a similar theme and of a similar nature.

Working with the text

Each text is approached in a slightly different way, but there is a clear and general pattern to the activities.

First, the teacher introduces the topic and explains what the 'model' text is about and what your final written outcome will be (e.g. writing a formal letter, writing a persuasive letter).

You are then asked to predict what the content of the 'model' text will be. This encourages you to focus actively on that particular text-type, and to call on your own knowledge of the world before you look at the text. In some units this prediction is very structured, and in some others it is less so.

You then read the text at least twice, looking up any words and expressions that you do not know, with the teacher sometimes helping you at this stage.

You then compare your predictions with what you have found in the text. Sometimes you will compare your lists with those of other students, either before or after reading the text.

There then follows a series of exercises which are designed to familiarise you with the language, the structure and the grammar of the 'model' text. A short exercise heading always summarises for you what the task is.

An essential part of your work is to co-operate with others, sometimes in pairs, sometimes in groups. This may involve comparing and contrasting, debating, adding information to what already exists, researching a particular aspect of a topic before presenting it to a group, making contributions to others' work or editing it at the final stage.

Finally, having studied the structure and characteristics of the 'model' text, you produce a text of a similar nature to that which has been studied, possibly on another theme. This is very often a joint or communal effort, with an editor or editorial team being responsible for the final written outcome.

The Web-based exercises in the book will help you learn how to use the Web as a language learning tool. It is expected, too, that you will word-process your writing, and that you will download or scan images to illustrate your texts, thus making your presentation more forceful and more persuasive.

By the end of *Lectura y escritura avanzadas – Libro del alumno*, you will have developed your written communicative competence to an advanced level. You will better understand the relationship between form and function, you will have increased your store of vocabulary and you will be equipped with the strategies that will make you a first-class language learner.

We hope that you will enjoy working through this book and developing the skills of reading a variety of text-types and creating your own texts.

Kathryn Aldridge-Morris and Manuel Frutos-Pérez

2009

1 Recomendaciones de viaje

Ustedes van a poner en común los diferentes problemas que pueden ocurrir cuando se viaja a otros países. Después leerán un folleto informativo con recomendaciones de viaje para Latinoamérica. Ustedes utilizarán sus propias ideas y las que encuentren en el folleto para preparar el esquema de su trabajo final. Tras identificar y practicar las estructuras que aparecen en el folleto ustedes escribirán un folleto con recomendaciones de viaje destinado a estudiantes que vayan a viajar a un país de su elección.

1 Poner en común

Ponga en común con sus compañeros/as los diferentes problemas que pueden ocurrir cuando se viaja a otros países.

2 Clasificar

Clasifique las ideas que hayan aparecido en cuatro grupos y ponga un título o nombre a cada grupo.

3 Leer

Primero lea el texto por encima para hacerse una idea general. Después lea el texto por segunda vez en detalle, y trate de adivinar el significado de aquellas palabras o expresiones que no conozca, de acuerdo con el contexto y los subtítulos.

Viajando a Latinoamérica

Antes de viajar:

– Contrata un seguro médico y un seguro de viaje.

– Infórmate sobre los posibles descuentos que puedes obtener con tu carnet de estudiante.

– Estudia la historia y situación actual del país, en especial los posibles conflictos que tenga con otros países.

– Llévate una mochila vacía para poner en ella todas las cosas que comprarás durante tu viaje, ¡la artesanía popular tiene mucho encanto y es muy barata!

Una vez allí:

– Ponte en contacto con la embajada de tu país para comunicarles los detalles de tu estancia.

– No llames la atención de posibles ladrones con efectos personales llamativos como reproductores de MP3, grandes cámaras digitales o joyas.

Viajando por el país:

– Viaja en grupo.

– No hagas autostop, el peligro de secuestro es real.

– El transporte público puede ser irregular debido a huelgas y manifestaciones, pero es seguro.

Salud:

– No comas en puestos callejeros o mercados al aire libre.

– No consumas drogas. Las penas por consumo o tráfico de drogas, tanto duras como blandas, suelen ser muy severas.

Recomendaciones generales:

– Los latinoamericanos son por lo general muy amables y hospitalarios, y es recomendable tratar de llegar a conocer a las gentes del lugar, en vez de frecuentar sólo locales turísticos.

– Llévate contigo las medicinas y productos de higiene personal más indispensables, pues puede que no seas capaz de comprarlos allí.

4 Completar

Complete las frases con palabras del texto.

1 Es posible conseguir rebajas en los precios si posees _____.

2 Antes de viajar, infórmate sobre el país que vayas a visitar y, sobre todo, averigua si existen _____.

3 Las mayores ventajas de los productos que puedes comprar en tus viajes es que son bonitos y _____.

4 Aunque el transporte público es fiable, los servicios pueden alterarse por causa de _____.

5 En lugar de estar solamente en lugares para turistas, deberías intentar _____ a los nativos del país que visitas.

5 Buscar

Busque los equivalentes de estas palabras en el texto:

- conseguir
- reducciones
- tomar
- intentar
- medicamentos
- indispensables
- lugareños
- hospitalarios

6 Decidir

Decida si las siguientes afirmaciones son verdaderas (V) o falsas (F) basándose en la información del texto. Justifique sus respuestas citando la frase relevante del texto.

1   Es recomendable viajar con una bolsa extra de equipaje. V / F

Justificación: _____

2   Debes tener cuidado con tus posesiones para no atraer peligro. V / F

Justificación: _____

3   Hacer autostop aumenta la posibilidad de rapto. V / F

Justificación: _____

4   El consumo de estupefacientes no es problemático cuando viajas. V / F

Justificación: _____

5   El artículo recomienda sumergirse en la cultura y las costumbres del país que se visita. V / F

Justificación: _____

7 Emparejar

Complete las frases con la opción correcta de acuerdo con la información del texto.

Ejemplo:

Este texto es

   a un folleto informativo

   b una reseña

   c un artículo periodístico

1 El texto va dirigido a

   a personas jóvenes

   b personas mayores

   c niños

2 La intención del autor es

   a vender un viaje a Latinoamérica

   b informar sobre las costumbres del país

   c aconsejar al lector

3 El autor del texto recomienda

   a diferentes tipos de comidas

   b una preparación previa al viaje

   c viajar en solitario

4 Según el texto, el viajero debe ser

   a cauto pero abierto a experiencias nuevas

   b simpático y dispuesto a divertirse

   c cuidadoso cuando tome drogas

8 Contextualizar

¿Para quién cree que fue escrito el texto? Elija una de las categorías y justifique su elección.

a   Familias

b   Turistas 'todo incluido'

c   Estudiantes

d   Gentes de negocios

9 Seleccionar

En parejas, seleccionen los cinco subtítulos que reflejan más las prioridades y necesidades de un estudiante que va a viajar al extranjero. Utilicen los subtítulos que aparecen en el texto junto con los que ustedes utilizaron en el ejercicio 2.

10 Ordenar

Ordenen los cinco subtítulos que han seleccionado en el ejercicio anterior de acuerdo con el orden lógico en el que podrían aparecer en un folleto para estudiantes.

11 Buscar

Subraye todas las formas del imperativo que aparecen en el texto.

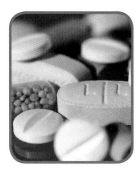

12 Practicar

Complete la siguiente tabla con las formas del imperativo correspondientes.

	vacunarse		consumir	
	vacúnate			tú
obtenga		póngase	consuma	él / ella / usted
no	no te vacunes	no	no	tú
no obtenga	no	no	no consuma	él / ella / usted

13 Rellenar

En parejas escriban verbos que estén relacionados con las categorías que seleccionaron en el ejercicio 9. Escriban dos verbos (2ª persona singular: 'tú') en cada categoría.

14 Hacer una lista

Imagínese un país de destino para un viaje (puede ser su propio país). Haga una lista de al menos 15 recomendaciones que usted daría a un estudiante latinoamericano o español que va a visitar ese país. Recuerde utilizar el imperativo.

15 Revisar

Revise las cinco categorías que seleccionó en el ejercicio 9. Decida si las recomendaciones que ha escrito en el ejercicio 14 pueden clasificarse bajo esas cinco categorías o si necesita cambiar o crear alguna nueva.

16 Redactar

Redacte su folleto informativo (200–250 palabras) incluyendo las categorías y recomendaciones de ejercicios anteriores y prestando atención al orden en el que presentará la información. Entregue su texto a su profesor/a para que le indique posibles errores.

Alternativamente, elija una de las opciones siguientes y escriba 100 palabras como mínimo utilizando la información del texto:

- Ha estado en Latinoamérica con dos amigos en sus últimas vacaciones y han sufrido un incidente. Escriba una carta a su familia explicando sus experiencias, tanto positivas como negativas.

- Ha leído el texto "Viajando a Latinoamérica" después de hacer un viaje por esos países y no está de acuerdo con algunos de los puntos mencionados en él. Escriba una carta a la agencia de viajes que ha escrito el folleto dando su opinión y otros consejos más útiles.

- Escriba un folleto similar sobre un país de habla hispana que haya visitado dando sus recomendaciones y consejos de viaje.

17 Reescribir

Reescriba su folleto informativo de acuerdo con los comentarios de su profesor/a. No se olvide de comprobar su texto con la lista de comprobación gramatical.

18 Navegar

Si ustedes tienen acceso a internet podrían llevar a cabo la siguiente actividad: El Ministerio de Asuntos Exteriores y Cooperación español tiene en internet una lista con la mayoría de los países del mundo y recomendaciones de viaje para cada uno de ellos. Vaya a su buscador de internet preferido e introduzca las siguientes palabras para localizar el sitio de internet del ministerio: *Ministerio Asuntos Exteriores España*.

Localice el apartado 'Servicios Consulares' del sitio del ministerio y después la sección 'Recomendaciones de Viaje'. Allí seleccione el país que usted eligió para la elaboración de su folleto. Con la información que encontrará trate de añadir al menos una recomendación para cada categoría que aparece en su folleto.

2 Informe sobre el estilo de vida

Ustedes van a poner en común los diferentes factores que contribuyen a tener un estilo de vida sano, reflexionando sobre su propio estilo de vida. Después leerán un informe sobre el estilo de vida mediterráneo. Ustedes analizarán la manera de expresar datos y enlazarlos en un texto. Más tarde utilizarán un cuestionario para obtener información sobre la salud y el estilo de vida de sus amigos/as. Con la información obtenida ustedes escribirán un informe destinado a ser publicado en la revista del instituto de un/a amigo/a suyo/a en Latinoamérica o España.

1 Predecir

En esta unidad usted leerá un informe sobre el estilo de vida mediterráneo. Rellene la siguiente tabla con aquellos elementos que usted crea son más o menos saludables en su estilo de vida, comparado con el mediterráneo.

Más saludable	Menos saludable
En general se fuma menos.	El clima es menos soleado.

2 Poner en común

¿Qué contribuye a que un estilo de vida sea saludable o no?

Saludable	No saludable

3 Leer

Lea el texto al menos dos veces. La segunda vez que lo lea consulte en el diccionario aquellas palabras o expresiones que no conozca. ¿Fueron sus predicciones del ejercicio 1 correctas?

El estilo de vida mediterráneo

La esperanza de vida en España es de 82,4 años para las mujeres y 75,5 para los hombres. Estas cifras son más altas que las de la mayoría de los países europeos. Los expertos coinciden en que esta mayor longevidad se debe al saludable estilo de vida mediterráneo, que está compuesto principalmente por la dieta y ciertos comportamientos sociales.

La dieta

Gran parte de los españoles mayores de 65 años no consumen habitualmente casi ninguna comida producida de manera industrial, su dieta se basa en comidas caseras, al contrario de lo que sucede en los países del norte europeo donde el consumo de comidas caseras es mucho menor. También la composición de la dieta es diferente: se consume mucho pescado y cereales, llegando a suponer el 28% de la dieta. Las frutas y verduras también se consumen en porcentaje significativo llegando al 17%. Así pues, alrededor de la mitad (un 45%) de todo lo que comen los españoles son frutas, verduras, cereales y pescado; además del aceite de oliva del que se consumen más o menos 15 litros por persona y año, cifra que sólo una minoría de los

Dieta mediterránea

Otros 16%
Lácteos 13%
Frutas 9%
Carne 26%
Verduras 8%
Cereales 14%
Pescado 14%

europeos llegan a alcanzar. El consumo de alcohol es similar al de otros países aunque la preferencia de muchísimos españoles por el vino tinto tiene potenciales efectos saludables excepto si se abusa de su consumo.

Comportamientos sociales

El número de desplazamientos en automóvil es similar al de otros países europeos; sin embargo, si no se toman en cuenta a los habitantes de las grandes ciudades se observa que sólo una pequeña parte (30%) de los trabajadores viaja a su lugar de trabajo, el resto lo hacen andando. Por otra parte la vida social española se desarrolla en las calles, parques y plazas, lo que determina que el paseo sea una actividad diaria para el 70% de los españoles; cifra que llega a casi un 95% para los mayores de 65 años.

*

4 Responder

Ahora, basándose en lo que ha leído, responda a las siguientes preguntas:

1 ¿Por qué viven los españoles más años?

2 ¿Dónde se come mucha más comida producida de manera industrial?

3 ¿Qué producto se consume mucho más en España que en Europa?

4 ¿Qué producto puede ser beneficioso para la salud si se consume con moderación?

5 ¿Qué actividad desarrollan los ancianos con más frecuencia?

5 Decidir

Decida si las siguientes afirmaciones son verdaderas (V) o falsas (F) y justifique su elección citando directamente la información apropiada del texto.

1 Los españoles son más longevos que muchos otros europeos. V / F

Justificación: _____

2 En España se tiende a cocinar más en casa que en otros países del norte de Europa. V / F

Justificación: _____

3 El pescado es la base de la dieta de los españoles. V / F

Justificación: _____

4 Los españoles utilizan el coche tanto como los demás europeos. V / F

Justificación: _____

5 En las ciudades grandes, los habitantes se desplazan andando al lugar de trabajo. V / F

Justificación: _____

6 Emparejar

Empareje la información de las dos columnas para formar frases basándose en la información del texto.

Las mujeres españolas …	… no consumen productos precocinados.
La longevidad se debe en gran parte …	… al modo de vida y la dieta.
Las generaciones más mayores …	… son más longevas que los hombres.
Muy pocos europeos …	… es parte de la vida y de la cultura españolas.
Los españoles suelen ir al trabajo andando …	… consumen tanto aceite de oliva como los españoles.
Socializarse …	… a menos que vivan en grandes ciudades.

7 Añadir

Complete la tabla del ejercicio 2 con la información contenida en el texto.

8 Formular

En parejas, subrayen cinco informaciones que aparecen en el texto. Imaginen que ustedes son los que escribieron el informe, ¿qué preguntas hicieron a los entrevistados para obtener esas cinco informaciones? Formulen las preguntas utilizando la forma usted / ustedes.

Ejemplo:

Información del texto: Las frutas y verduras también se consumen en porcentaje significativo llegando al 17%.

* ¿Come usted frutas y verduras habitualmente?
* ¿Come usted frutas y verduras todos los días?
* ¿Cuántas porciones de frutas y verduras come usted cada día?

9 Clasificar

Clasifique las siguientes expresiones del texto que indican diferentes cantidades.

casi ninguna	una minoría de
muchísimo	una pequeña parte de
la mayoría de	más o menos
mucho menor	mucho
alrededor de	gran parte de

Gran cantidad	Pequeña cantidad	Cantidad aproximada
muchísimo	casi ninguna	

10 Analizar

Observe el siguiente gráfico y describa los datos del gráfico con dos o tres frases.

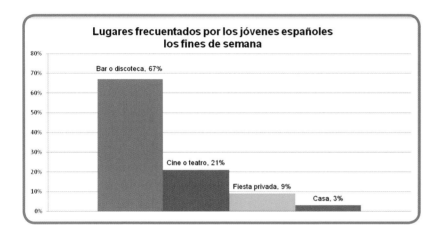

*Datos obtenidos del Instituto Nacional de Estadística (www.ine.es)

Ejemplo:

Casi ningún joven español se queda en casa los fines de semana, sólo el 3%.

11 Clasificar

Clasifique las siguientes conjunciones que aparecen en el texto de acuerdo con su función.

también   así pues

aunque   excepto si

al contrario   además

sin embargo   y

por otra parte

Conjunciones de adición	Conjunciones de contraste
también	aunque

12 Enlazar

Enlace las siguientes frases mediante una conjunción de adición o contraste de las utilizadas en el ejercicio anterior.

1 El estilo de vida mediterráneo es muy saludable; _____ muchos españoles son adictos al tabaco.

2 La mayoría de los mayores de 65 años pasea todos los días, _____ su vida tiene muy poco estrés.

3 Las verduras son buenas para la salud _____ se fríen con demasiado aceite.

4 Muy pocos españoles practican algún deporte. _____ pasean todos los días.

5 Una buena dieta es muy importante para la salud, _____ todos deberíamos cuidar nuestra alimentación.

13 Formular

Usted va a escribir un informe sobre la salud y el estilo de vida de jóvenes de su edad en el ejercicio 15. Utilice el modelo de cuestionario que aparece en la página 28 y formule diez preguntas que usted esté interesado/a en preguntar a jóvenes de su edad sobre este tema.

Ejemplo de pregunta:

¿Fuma usted habitualmente?

Modelo de cuestionario en la página 28

14 Entrevistar

Haga una encuesta a diez jóvenes de su edad con las preguntas de su cuestionario y anote las respuestas. Una vez tenga toda la información agrúpela en porcentajes.

Ejemplo:

Pregunta 1: ¿Fuma usted habitualmente?

Datos obtenidos: 8 jóvenes fuman, 2 no fuman.

→ 80% fumadores, 20% no fumadores

15 Redactar

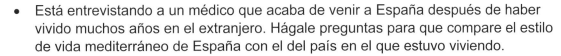

Redacte su informe (150–200 palabras) explicando los datos que ha obtenido en su encuesta. Recuerde utilizar expresiones de cantidad y conjunciones de adición / contraste. Entregue su texto a su profesor/a para que le indique posibles errores.

Alternativamente, utilice el texto como referencia y escriba un mínimo de 100 palabras, eligiendo una de estas dos opciones:

- Está entrevistando a un médico que acaba de venir a España después de haber vivido muchos años en el extranjero. Hágale preguntas para que compare el estilo de vida mediterráneo de España con el del país en el que estuvo viviendo.

- Escriba un artículo para una revista dando su opinión sobre la manera de vivir en España y explicando por qué el estilo de vida mediterráneo es el más saludable.

16 Reescribir

Reescriba su informe de acuerdo con los comentarios de su profesor/a. No se olvide de comprobar su texto con la lista de comprobación gramatical.

17 Navegar

Si ustedes tienen acceso a internet podrían llevar a cabo la siguiente actividad: El Instituto Nacional de Estadística español tiene en internet gran cantidad de estadísticas y datos oficiales referentes a España y a los países de la Unión Europea. Vaya a su buscador de internet preferido e introduzca las siguientes palabras para localizar el sitio de internet del instituto: *Instituto Nacional Estadística España.*

Localice el apartado 'Internacional' del sitio del instituto y después la sección 'Demografía'. Allí tendrá acceso a 'Principales resultados', y entre ellos 'Esperanza de vida al nacimiento por país y sexo'. Presione el botón 'Consultar todo' (al final de la página) para ver una lista en la que aparecerán datos de la mayoría de los países del mundo. Busque en la lista las cifras de esperanza de vida correspondientes a su país y añada esos datos a su informe. ¿Le sorprenden esos datos de acuerdo con las conclusiones de su informe?

Cuestionario sobre la salud y el estilo de vida de los jóvenes

Preguntas	Respuestas									
	1	2	3	4	5	6	7	8	9	10

3 Itinerario turístico

Ustedes van a leer un itinerario turístico para un viaje de cuatro días a Salamanca. Tras practicar las estructuras gramaticales más comunes para este tipo de texto, ustedes buscarán en internet información turística referente a Madrid y escribirán un itinerario para un viaje de cuatro días allí.

1 Predecir

En parejas, piensen en qué tipo de información debería contener un itinerario turístico y hagan una lista con las ideas que se les ocurran.

2 Leer

Lea el texto sin la ayuda del diccionario.

Excursión de 4 días a Salamanca

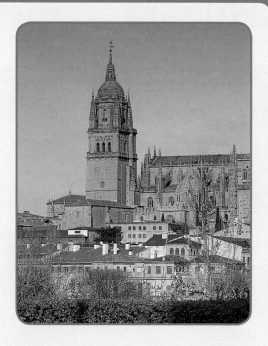

La excursión durará cuatro días, y comprenderá diferentes actividades:

Día 1: Desplazamiento en autocar a la capital salmantina y llegada al hotel Las Torres alrededor de las 11 de la mañana. El hotel está situado en la Plaza Mayor de Salamanca. Tras registrarse en el hotel los miembros de la excursión tendrán el resto del día libre para pasear por el casco antiguo de la ciudad.

Día 2: Visita guiada por la ciudad. A las 10 de la mañana comenzará la visita a la ciudad con un guía local. Por la mañana se visitarán los edificios históricos de la universidad y las dos catedrales. Se almorzará en un restaurante típico del centro. Por la tarde se visitará el Museo Casa Lis de Art Nouveau y Art Déco.

Día 3: Excursión a La Alberca. A las 9 de la mañana se viajará en autobús a este típico pueblo de la sierra salmantina. Durante el viaje que dura una hora y media aproximadamente se hará una parada para contemplar a los toros que pastan en las dehesas de la sierra.

Día 4: Descanso en Salamanca. Este último día no tendrá actividades programadas para que los participantes puedan disfrutar de Salamanca a sus anchas. El autocar de vuelta saldrá del hotel a las 4 de la tarde.

3 Responder

Elija la respuesta correcta para las siguientes preguntas basándose en el texto.

1 ¿Qué es necesario hacer al llegar al hotel?

    a   inscribirse

    b   dejar las maletas

    c   ir a la Plaza Mayor

2 ¿Cómo se va a visitar la ciudad?

    a   con un mapa turístico de la ciudad

    b   con una persona especializada

    c   con un grupo de guías del lugar

3   ¿Dónde está La Alberca?

    a   en un pueblo pequeño de Salamanca

    b   en la montaña salmantina

    c   en un valle típico salmantino

4   ¿Para qué va a detenerse el autobús de camino a La Alberca?

    a   para disfrutar de las vistas de la sierra

    b   para ver las dehesas típicas

    c   para ver el ganado de la sierra

5   ¿Por qué no habrá actividades organizadas el último día?

    a   para que los visitantes hagan lo que quieran

    b   para que los visitantes descansen en el autocar

    c   para que no tengan que decidir lo que quieren hacer

4 Decidir

Decida si las siguientes afirmaciones son verdaderas (V) o falsas (F) y justifique su elección citando directamente la información apropiada del texto.

1   Los visitantes llegarán a Salamanca en autobús. V / F

Justificación: _____

2   Después de la llegada al hotel, hay una visita guiada por el centro histórico. V / F

Justificación: _____

3   El viaje de Salamanca a La Alberca es directo. V / F

Justificación: _____

4   La programación incluye un guía durante los cuatro días. V / F

Justificación: _____

5 Buscar

Busque los equivalentes de estas palabras en el texto:

- el viaje
- inscribirse
- callejear
- la zona vieja
- de la zona
- el prado
- gozar

6 Añadir

¿Contiene el texto elementos que ustedes no mencionaron en el primer ejercicio? Añádalos a la lista.

7 Adivinar

Trate de adivinar el significado de la expresión 'a sus anchas' (día 4) por su contexto y reescríbala con sus propias palabras en español.

8 Transformar

En textos de este tipo a menudo aparecen frases impersonales sin verbo. Transforme las siguientes frases haciendo que sean personales, que el verbo no se omita e indique futuro.

Ejemplo:

Desplazamiento en autocar a la capital salmantina.

→ **Nos desplazaremos** en autocar a la capital salmantina.

a   Llegada al hotel Las Torres alrededor de las 11 de la mañana.

b   Visita guiada por la ciudad.

c   Excursión a La Alberca.

d   Descanso en Salamanca

9 Volver a transformar

En textos de este tipo es muy habitual que el tono sea impersonal, puesto que le da un aire de formalidad al texto. Transforme sus frases del ejercicio anterior en frases impersonales encabezadas por el pronombre 'se'.

Ejemplo:

Nos desplazaremos en autocar a la capital salmantina.

→ **Se realizará el desplazamiento** en autocar a la capital salmantina.

10 Investigar

En parejas busquen información en internet sobre qué actividades turísticas se pueden llevar a cabo en Madrid.

Vayan a su buscador de internet preferido e introduzcan palabras para localizar sitios de internet con información turística sobre Madrid. Por ejemplo: *Madrid España Turismo.*

11 Planificar

Dibuje un diagrama con todo aquello que vaya a incluir en su itinerario.

12 Redactar

Redacte un itinerario (150–200 palabras) para un grupo de estudiantes que vayan a visitar Madrid. El itinerario durará cuatro días.

Alternativamente, utilice el texto como referencia y escriba un mínimo de 100 palabras, eligiendo una de estas dos opciones:

- Ha ido con sus amigos a Salamanca durante cuatro días. Escriba un correo electrónico a su familia contándoles su experiencia allí y sus opiniones sobre la excursión y el programa que ofrecía la agencia de viajes.

- Está planeando visitar Salamanca con un grupo. Escriba una carta explicando a los miembros del grupo las actividades que llevarán a cabo durante el viaje.

13 Revisar

¿Qué tipo de errores buscamos al corregir un texto? Escriba una lista (en inglés).

Ejemplo:

- subject-verb agreement

14 Intercambiar

Intercambie el itinerario con su compañero/a de clase. Subraye cualquier incorrección que encuentre de acuerdo con la lista que elaboró en el ejercicio anterior.

15 Reescribir

Vuelva a intercambiar el itinerario con su compañero/a y reescriba su itinerario corrigiendo los errores que haya encontrado su compañero/a. Entregue su itinerario reescrito a su profesor/a para que le indique posibles errores.

16 Volver a reescribir

Reescriba de nuevo su itinerario de acuerdo con los comentarios de su profesor/a. No se olvide de comprobar su texto con la lista de comprobación gramatical.

4 Instrucciones de uso

Primero van ustedes a considerar los diferentes elementos que aparecen en las
páginas de internet, y luego leerán un extracto de una página de internet que trata
sobre las instrucciones de uso de un navegador de internet. Ustedes trabajarán en
aprender vocabulario relativo a las tecnologías de la información y comunicación (TIC),
y también trabajarán en las distintas estructuras que se usan en español para dar
instrucciones. Por último ustedes escribirán un mensaje de correo electrónico a un/a
amigo/a español/a explicando cómo navegar su página de internet favorita.

1 Seleccionar

En la siguiente lista seleccione acciones y elementos que se refieren a una página de
internet y colóquelos en la tabla. Hay cuatro falsos.

una imagen	navegar
hacer surf	seguir un enlace
una dirección de internet	una dirección postal
un enlace	añadir a la lista de favoritos
un menú	volver a la página principal
ir a la cama	un botón
un mando a distancia	reproducir un archivo de audio

Acciones	Elementos
	una imagen

2 Añadir

Ahora, en parejas, traten de añadir a la tabla más acciones y elementos que no se hayan mencionado en el ejercicio anterior.

Acciones	Elementos

3 Leer

Lea el siguiente texto prestando atención al vocabulario relativo a internet que se utiliza en español. Subraye las palabras que desconozca.

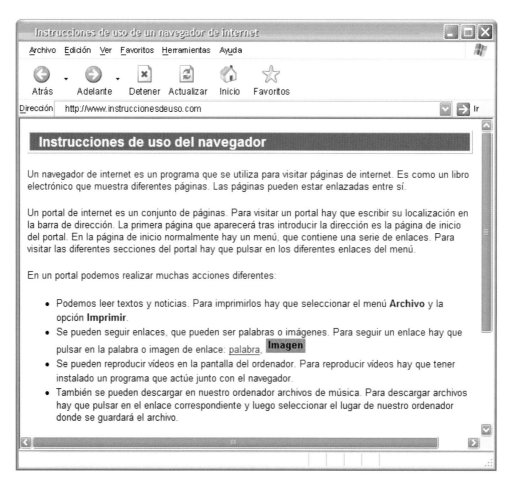

Instrucciones de uso de un navegador de internet

Archivo   Edición   Ver   Favoritos   Herramientas   Ayuda

Atrás   Adelante   Detener   Actualizar   Inicio   Favoritos

Dirección   http://www.instruccionesdeuso.com   Ir

Instrucciones de uso del navegador

Un navegador de internet es un programa que se utiliza para visitar páginas de internet. Es como un libro electrónico que muestra diferentes páginas. Las páginas pueden estar enlazadas entre sí.

Un portal de internet es un conjunto de páginas. Para visitar un portal hay que escribir su localización en la barra de dirección. La primera página que aparecerá tras introducir la dirección es la página de inicio del portal. En la página de inicio normalmente hay un menú, que contiene una serie de enlaces. Para visitar las diferentes secciones del portal hay que pulsar en los diferentes enlaces del menú.

En un portal podemos realizar muchas acciones diferentes:

- Podemos leer textos y noticias. Para imprimirlos hay que seleccionar el menú **Archivo** y la opción **Imprimir**.
- Se pueden seguir enlaces, que pueden ser palabras o imágenes. Para seguir un enlace hay que pulsar en la palabra o imagen de enlace: palabra, Imagen
- Se pueden reproducir vídeos en la pantalla del ordenador. Para reproducir vídeos hay que tener instalado un programa que actúe junto con el navegador.
- También se pueden descargar en nuestro ordenador archivos de música. Para descargar archivos hay que pulsar en el enlace correspondiente y luego seleccionar el lugar de nuestro ordenador donde se guardará el archivo.

4 Emparejar

Empareje las siguientes definiciones con los iconos:

1 Muestra la página siguiente.

2 Muestra la página determinada como página de inicio.

3 Vuelve a mostrar la última página visitada.

4 Muestra la lista de páginas de internet memorizadas.

5 Vuelve a cargar la página actual.

6 Detiene el proceso de carga de la página.

Atrás

Adelante

Detener

Actualizar

Inicio

Favoritos

5 Explicar

Elija dos acciones o elementos de los ejercicios 1 y/o 2, y defínaselos a su compañero/a, que entonces tendrá que adivinar de qué acción o elemento se trata.

Ejemplo:

Estudiante A: Es ejecutar un archivo de sonido para escucharlo a través del ordenador.

Estudiante B: ¿Reproducir un archivo de audio?

Estudiante A: Sí, correcto.

6 Ordenar

Ordene la siguiente lista. Las acciones son las instrucciones para enviar un mensaje por correo electrónico.

a   Escriba en la ventana principal el texto de su mensaje.

b   Seleccione el menú **Archivo** y la opción **Nuevo mensaje de correo**.

c   Pulse el botón **Enviar**.

d   Escriba en el apartado **Asunto** el título de su mensaje.

e   Abra el programa de correo electrónico de su ordenador.

f   Escriba en el apartado **Para** la dirección de correo electrónico de la persona a la que quiere enviar el mensaje.

7 Transformar

Las siguientes frases han sido extraídas del texto del ejercicio 3. Son frases impersonales que expresan necesidad. Transforme las frases impersonales a frases imperativas de acuerdo con la persona verbal indicada.

Ejemplo:

Hay que escribir su localización. (tú)

→ **Escribe** su localización.

1   Hay que pulsar en los diferentes enlaces. (vosotros)

2   Hay que seleccionar el menú Archivo. (tú)

3   Hay que pulsar en la palabra o imagen de enlace. (tú)

4   Se tiene que tener instalado un programa. (vosotros)

8 Subrayar

La preposición 'para' introduce frases subordinadas que expresan finalidad. Vuelva al texto y subraye cuatro frases introducidas por 'para' y que vayan seguidas de una frase impersonal.

9 Practicar

Componga frases que contengan una frase impersonal y una frase subordinada final con 'para'.

Ejemplo:

Pulsar el botón 'Imprimir' – imprimir una página de internet

→ **Para** imprimir una página de internet **hay que** pulsar el botón 'Imprimir'.

a   Pulsar el botón 'Detener' – detener el proceso de carga de una página

b   Pulsar el botón 'Enviar' – enviar un mensaje, un archivo, un formulario virtual, etc.

c   Seleccionar el menú 'Favoritos' y la opción 'Agregar a Favoritos' – añadir una página a la lista de 'Favoritos'

d   Seleccionar el menú 'Archivo' y la opción 'Cerrar' – cerrar el programa del navegador

10 Planificar

Escriba una lista con los elementos que contiene su página de internet favorita. Piense en el orden que los relataría.

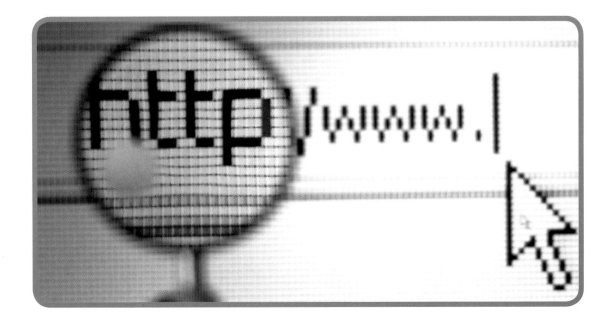

11 Escribir

Escriba un mensaje (80–100 palabras) a un/a amigo/a español/a explicando las instrucciones para navegar una página de internet española de su elección. Su amigo/a no conoce el uso de internet, por lo que su mensaje tendrá que ser muy claro.

12 Comprobar

Intercambie las instrucciones con su compañero/a de clase y utilícelas para navegar la página que su compañero/a haya descrito. Anote cualquier problema que le surja al seguir las instrucciones e incluya sugerencias para mejorar la claridad del mensaje.

13 Reescribir

Vuelva a intercambiar las instrucciones con su compañero/a y reescriba su mensaje de acuerdo con los comentarios que haya anotado su compañero/a. Después entregue su texto a su profesor/a para que le indique posibles errores.

14 Volver a reescribir

Reescriba de nuevo su mensaje de acuerdo con los comentarios de su profesor/a. No se olvide de comprobar su mensaje con la lista de comprobación gramatical.

5 Desastre ecológico

Ustedes van a considerar algunos de los peligros que amenazan al medio ambiente y después van a leer un texto sobre el desastre ecológico que sucedió en el Parque Nacional de Doñana en Andalucía. Tras practicar las estructuras y conectores temporales que aparecen en el texto ustedes escribirán un informe sobre otra catástrofe ecológica basándose en una serie de imágenes.

1 Clasificar

Aquí tiene una lista de peligros para el medio ambiente. Clasifíquelos de acuerdo con el área medioambiental a la que dañan.

el pesticida	el vertido tóxico
el vertido de fuel	el basurero
el petrolero	los gases de una fábrica
la polución industrial	los gases de un coche
los desechos de una alcantarilla	el humo de un cigarrillo
el residuo nuclear	la expansión de un aeropuerto
la construcción de una autopista	la deforestación

Aire	Tierra	Agua
	el pesticida	el vertido tóxico

2 Predecir

Trabajen en parejas. Fíjense en el título del artículo que van a leer, "Desastre ecológico en Doñana", y observen la fotografía que aparece con el texto. ¿Qué vocabulario esperan que vaya a aparecer?

Verbos	Sustantivos
ensuciar	la naturaleza

3 Leer

Primero lea el texto por encima para hacerse una idea general. Después lea el texto por segunda vez en detalle, y consulte en el diccionario aquellas palabras o expresiones que no conozca.

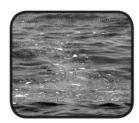

4 Responder

Ahora, basándose en lo que ha leído, responda a las siguientes preguntas:

1 ¿Cómo es el Parque Nacional de Doñana?

2 ¿Qué acciones tomó la Guardia Civil tras ser alertada del desastre?

3 ¿Cómo lograron evaluar hasta qué punto había afectado el vertido al parque?

4 ¿Cómo colaboró el gobierno regional para paliar el desastre?

5 ¿Cuáles fueron las especies más afectadas por el vertido?

5 Añadir

Complete la tabla del ejercicio 2 con el vocabulario del texto.

Desastre ecológico en Doñana

El 25 de abril de 1998 se produjo un vertido de residuos tóxicos en el río Guadiamar muy cerca del Parque Nacional de Doñana. Esta reserva natural es una de las más importantes y de mayor tamaño de toda Europa, y el vertido fue un verdadero desastre ecológico.

La catástrofe comenzó a las dos y media de la madrugada al romperse un dique de contención de una explotación minera. Un habitante de la zona al ver el vertido llamó a la Guardia Civil que entonces procedió a desalojar las viviendas cercanas al río. Después la Guardia Civil se puso en contacto con el director del parque nacional, quien poco después ordenó el cierre de todas las compuertas de comunicación entre el río y el parque. Unas horas más tarde, a las nueve de la mañana, la dirección del parque decidió reforzar todos los muros de contención entre el río y el parque. Luego, al sobrevolar la zona en helicóptero, los técnicos observaron la magnitud del desastre y calcularon que se virtieron al río unas 5.000 toneladas de residuos tóxicos. Al día siguiente continuaron los trabajos en los muros de contención y el gobierno regional andaluz creó un grupo de trabajo para solucionar la crisis. El grupo de trabajo acusó a la empresa Boliden Apirsa como responsable del vertido.

Finalmente, y gracias al trabajo de los técnicos del parque nacional, se evitó la entrada del vertido en el parque, pero durante los días siguientes al vertido se contaminaron tanto el río Guadiamar como la desembocadura del río Guadalquivir, y prácticamente toda su fauna de peces y mariscos murió posteriormente. Para los habitantes de la zona, muchos de ellos pescadores, fue una auténtica tragedia.

el dique de contención – muro que retiene una masa de agua

desalojar – evacuar

la compuerta – portón que abre o cierra un canal

la desembocadura – el final de un río, cuando llega al mar

6 Buscar

Subraye los conectores temporales que aparecen en el texto.

Ejemplo:

- entonces
- después

7 Ordenar

Ordene los siguientes acontecimientos de acuerdo con la cronología del texto.

1 Más tarde se cerraron todas las compuertas.

2 Unas horas más tarde observaron la zona desde un helicóptero.

3 Al final se evitó la contaminación del parque.

4 Entonces se evacuó a los habitantes de la zona.

5 Luego alguien avisó a la Guardia Civil.

6 Primero se rompió un dique de contención.

7 Después se reforzaron los muros de contención.

8 Al día siguiente se creó un grupo de trabajo.

8 Completar

Complete las siguientes frases con la forma correcta del pretérito indefinido del verbo que aparece entre paréntesis.

1 El dique <u>se rompió</u> (romperse) a las dos y media.

2 Los guardias civiles _____ (desalojar) las viviendas.

3 El director del parque _____ (telefonear) a los técnicos.

4 El helicóptero _____ (sobrevolar) la zona afectada.

5 El vertido tóxico _____ (esparcirse) por el río.

6 Todos los peces _____ (desaparecer) por culpa del vertido.

9 Transformar

Transforme las siguientes frases utilizando la construcción 'al + infinitivo', que expresa la simultaneidad de dos acciones.

Ejemplo:

Se rompió un dique y comenzó la catástrofe.

→ La catástrofe comenzó al romperse un dique.

1 Alguien vio el vertido y llamó a la Guardia Civil.

2 El director del parque se dio cuenta del peligro y ordenó cerrar las compuertas.

3 Se aisló el parque y se evitó la contaminación.

4 El vertido recorrió el río y dañó la fauna de peces y mariscos.

5 Los habitantes no pudieron pescar y se quedaron sin trabajo.

10 Emparejar

Empareje los siguientes párrafos con su imagen correspondiente de la página **48**.

- En la zona afectada por el vertido tóxico los mariscos y el pescado se consumían con mucha frecuencia. Tras el desastre ecológico aumentaron los casos de intoxicación al consumir productos afectados directamente por la marea negra.

- Los voluntarios comenzaron a examinar los efectos en la flora y fauna de la zona, y los resultados fueron desoladores. Gran parte de las aves no podían volar con sus alas pesadas llenas de petróleo, y muchas de ellas fallecieron contaminadas por el vertido.

- Tras varios días abandonado en un mar muy revuelto, el petrolero que llevaba un cargamento de cientos de toneladas de crudo se rompió por la mitad.

- Los primeros afectados por esta marea negra fueron los peces, que aparecieron muertos en la orilla, ahogados por el petróleo vertido en las aguas.

- Tanto los habitantes y pescadores de la zona como la opinión pública de todo el país se unieron para manifestarse contra el vertido tóxico y exigir que ese desastre no volviera a repetirse jamás.

- Su negra carga se extendió por las playas y por el mar, dejando un paisaje de desolación a su paso.

11 Reflexionar

En parejas lean este titular de periódico y completen la tabla con todo aquello que se verá afectado por este suceso.

> # El vertido de fuel llega a la costa y afecta a la reserva natural de las islas

Personas	Animales y plantas	Cosas y lugares
los pescadores	los peces	las rocas

12 Redactar

Escriba un informe (150–200 palabras) basado en la serie de imágenes que aparecen en la página **48**. Recuerde utilizar conectores temporales, el pretérito indefinido y la estructura 'al + infinitivo'. No se olvide de comprobar su texto con la lista de comprobación gramatical.

Alternativamente, utilice el texto como base y escriba un mínimo de 100 palabras eligiendo uno de estos dos títulos:

- Es un/a periodista y está entrevistando a un habitante de la zona afectada por el vertido. Escriba un artículo: hágale preguntas sobre el suceso y pídale su opinión ante semejante catástrofe natural.

- Es miembro de un grupo ecologista y ha visto con sus propios ojos el desastre ecológico en Doñana. Escriba una carta a la empresa responsable del vertido explicando su experiencia y dando su opinión.

13 Reescribir

Entregue su informe a su profesor/a. Después reescríbalo de acuerdo con los comentarios de su profesor/a.

14 Navegar

Si usted tiene acceso a internet podría llevar a cabo la siguiente actividad: Vaya a su buscador de internet preferido e introduzca las siguientes palabras para localizar el sitio de internet español de Greenpeace: *Greenpeace España*. Elija una noticia o campaña que a usted le interese. Lea el texto de la noticia o campaña y anote las palabras relacionadas con el medio ambiente.

5 Desastre ecológico

6 Biografía

Ustedes van a leer la biografía del director de cine Pedro Almodóvar en el estilo en que aparecería en una página web, y observarán el uso del presente histórico como elemento estilístico. Ustedes elaborarán listas de expresiones útiles para describir períodos de tiempo y aspectos biográficos, y después investigarán sobre la vida de un personaje hispano famoso de su elección para escribir su biografía para una página web.

1 Reflexionar

Haga una lista con todos los elementos que espera encontrar en la biografía de un director de cine.

2 Comparar

Compare su lista con la de sus compañeros/as y decidan cuál sería el orden lógico de los diferentes elementos al aparecer en una biografía.

3 Predecir

Ponga en común con sus compañeros/as todo lo que sabe sobre el director de cine español Pedro Almodóvar.

4 Leer

Lea el texto al menos dos veces. Primero léalo por encima para hacerse una idea general. Después lea el texto por segunda vez en detalle, y consulte en el diccionario aquellas palabras o expresiones que no conozca.

Pedro Almodóvar

Pedro Almodóvar es uno de los directores de cine españoles de mayor éxito de todos los tiempos. Su estilo naturalista, excéntrico, irónico y provocativo es famoso ya a todo lo largo y ancho del mundo.

Almodóvar nace en Calzada de Calatrava en 1951 y asiste a un colegio católico donde según él dice le "enseñaron a perder la fe en Dios". A los 10 años el cine ya es su afición favorita, y asiste regularmente al cine de su pueblo. A los 16 años se va a vivir solo a Madrid, con la intención de estudiar y hacer cine. Es una época difícil, en la que la dictadura de Franco reprime la libertad de expresión y controla la producción cultural.

Almodóvar trabaja como auxiliar administrativo para ganarse la vida pero además escribe guiones de cómic, colabora en distintas revistas y rueda sus primeros cortometrajes con su cámara de súper ocho. A principios de los años ochenta, terminada la dictadura, Almodóvar ya es un referente cultural de la vida madrileña, escribe artículos para *El País* y forma parte del prestigioso grupo de teatro Los Goliardos. También forma un grupo de punk-glam-rock paródico y continúa escribiendo relatos y guiones. En 1980 rueda su primera película "Pepi, Luci, Bom y otras chicas del montón", película que financian él y sus amigos con 500.000 pesetas (3.000 euros) y que ruedan los fines de semana con la ayuda de un equipo de voluntarios. La película tiene gran éxito a pesar de las limitaciones, y el propio Almodóvar declara que "cuando una película tiene uno o dos defectos es una película defectuosa, pero cuando tiene tantos, esos defectos le dan estilo". A partir de entonces rueda una nueva película cada año y en 1987 se hace mundialmente famoso con su película "Mujeres al borde de un ataque de nervios" con la que consigue una nominación al Óscar de Hollywood. Los caracteres femeninos son quienes dominan la dramatización en todas las películas de Almodóvar, y encarnan a personajes cuya fuerza interior y autoafirmación forman la base de su existencia; la propia madre de Almodóvar aparece en muchas de sus películas en breves escenas. Durante la década de los noventa sigue cosechando éxitos hasta que en 1999 gana el Óscar a la mejor película en lengua extranjera con "Todo sobre mi madre". En 2003 alcanza la cima de su carrera cinematográfica con la película "Hable con ella" convirtiéndose en el primer cineasta de la historia del cine español en ser nominado al Óscar al mejor director, codo con codo con Martin Scorsese y Roman Polanski. Desde entonces, Almodóvar ha continuado rodando películas y cosechando éxitos tales como "La mala educación", "Volver" y "Los abrazos rotos".

5 Decidir

Decida si las siguientes afirmaciones son verdaderas (V) o falsas (F) y justifique su elección citando directamente la información apropiada del texto.

1   Pedro Almodóvar es el director español más famoso del mundo. V / F

Justificación: _____

2   El colegio al que asistió jugó un papel importante en la religiosidad de Pedro. V / F

Justificación: _____

3   Almodóvar está a la altura de Martin Scorsese y Roman Polanski. V / F

Justificación: _____

4   Almodóvar no ha ganado ningún Óscar en su carrera cinematográfica V / F

Justificación: _____

5   La madre de Almodóvar fue protagonista en una de sus películas. V / F

Justificación: _____

6   En 1980 consigue una beca para rodar su primera película. V / F

Justificación: _____

6 Responder

Elija la respuesta correcta para las siguientes preguntas basándose en el texto.

1 ¿Por qué en los años 80 resultaba más fácil hacer cine?

a porque la situación política había cambiado

b porque Almodóvar era ya famoso por sus cortometrajes

c porque posee una cámara de super ocho

2 Almodóvar se mudó a Madrid

a para ganarse la vida escribiendo artículos

b para compaginar estudios y cine

c para ser parte de un grupo de teatro

3 En sus primeros tiempos, podría describirse a Almodóvar como

a polifacético

b reprimido

c controlador

4 Una de las características del cine de Almodóvar es

a crear películas con estilo

b la participación de toda su familia en muchas escenas

c el uso de personajes femeninos dominantes

7 Completar

Complete la lista que elaboró en el ejercicio 1 con elementos que aparecen en el texto.

8 Traducir

Empareje las expresiones de la columna de la izquierda con las traducciones de la columna de la derecha.

Expresiones del texto	Traducción
1 de todos los tiempos	A side by side with
2 a lo largo y ancho del mundo	B to be a cultural reference point
3 su afición favorita	C the height of his career
4 rodar cortometrajes	D in spite of
5 ser un referente cultural	E to become famous worldwide
6 a pesar de	F his favourite pastime
7 hacerse mundialmente famoso	G all around the world
8 cosechar éxitos	H of all time
9 la cima de su carrera	I to shoot short films
10 codo con codo con	J to reap success after success

9 Analizar

En parejas lean los siguientes extractos. El primero utiliza el presente histórico y el segundo tiempos del pasado. ¿Qué efecto se consigue al utilizar el presente histórico?

Presente histórico	Tiempos del pasado
A principios de los años ochenta, terminada la dictadura, Almodóvar ya es un referente cultural de la vida madrileña, escribe artículos para *El País* y forma parte del prestigioso grupo de teatro Los Goliardos.	A principios de los años ochenta la dictadura ya había terminado y Almodóvar se convirtió en un referente cultural de la vida madrileña. Escribió artículos para *El País* y formó parte del prestigioso grupo de teatro Los Goliardos.

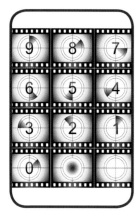

10 Transformar

Las oraciones subordinadas de relativo son típicas de este tipo de texto pues se utilizan para aglutinar información y continuar el hilo narrativo. Transforme las siguientes frases uniéndolas con uno de estos pronombres relativos: *que, lo que, el que, los que, la que, las que, quien, quienes, cuyo, cuyos, cuya, cuyas.*

Ejemplo:

Es una época difícil. En esta época la dictadura de Franco reprime la libertad de expresión y controla la producción cultural.

→ Es una época difícil, en **la que** la dictadura de Franco reprime la libertad de expresión y controla la producción cultural.

1 Almodóvar rueda su primera película en 1980. Él y sus amigos financian la película.

2 Los voluntarios trabajan los fines de semana. Ellos ayudan a Almodóvar.

3 Almodóvar es famoso por los caracteres femeninos de sus películas. Las mujeres son personajes fundamentales.

4 Almodóvar es un director español muy famoso. Sus películas han ganado muchos premios.

5 En 2003 es nominado al Óscar al mejor director. Con esta nominación supera a todos los directores españoles.

6 Las películas de Almodóvar se distribuyen por todo el mundo. Son las películas españolas que más éxitos cosechan en el extranjero.

7 Almodóvar utiliza actores y actrices desconocidos en sus películas. Según Almodóvar, su talento es la naturalidad.

8 Almodóvar ha hecho famosos a muchos actores y actrices. Antonio Banderas se hizo famoso al trabajar con Almodóvar.

11 Buscar

Subraye y anote las expresiones del texto que se refieren a un momento del pasado o describen un periodo de tiempo en el pasado.

Ejemplos:

- a principios de los años ochenta
- en 1951

12 Investigar

En grupos de tres o cuatro elijan un personaje español o latinoamericano popular para escribir su biografía para una página web. Discutan sobre todas las posibles fuentes de información y distribuyan entre ustedes el trabajo de investigar esas fuentes de información.

13 Escribir

Los grupos se reúnen de nuevo para poner en común la información encontrada. Decidan qué información van a incluir en la biografía y escriban el primer borrador. Recuerden que la biografía está destinada para aparecer en una página web, por lo que deberán utilizar el presente histórico para darle al texto un aire directo y no demasiado formal.

14 Editar

Intercambien su primer borrador con el de otro grupo, que sugerirá mejoras al texto y señalará errores gramaticales. Después incorporen las sugerencias de sus compañeros/as y escriban el texto definitivo.

Escriba un mínimo de 100 palabras basándose sólo en la información del texto eligiendo una de las siguientes opciones:

- Escriba una entrevista a Almodóvar. Cuente su experiencia con el cineasta y su reacción ante sus declaraciones.

- Usted es un admirador de Almodóvar pero tiene un amigo que no aprecia su cine. Escríbale una carta convenciéndole de por qué su cine merece la pena y por qué su trayectoria como director ha sido tan espectacular en su opinión.

15 Navegar

Si usted tiene acceso a internet podría llevar a cabo la siguiente actividad: Vaya a la dirección de internet:
http://www.almodovar.es

Busque información acerca de la última película de Almodóvar y de los últimos premios obtenidos por su trabajo.
Añada esta información a la biografía de Almodóvar que se presentó en esta unidad.

7 Estilos periodísticos

Ustedes van a leer dos artículos periodísticos, uno serio y otro sensacionalista. Observarán y analizarán los diferentes estilos utilizados en los artículos. Luego practicarán el uso de la voz pasiva para darle formalidad a un texto periodístico, y el uso del condicional para expresar suposiciones de hechos no probados. Luego leerán y analizarán otro artículo sensacionalista sobre el tema 'el botellón' que tendrán que modificar y reescribir al estilo de un artículo serio.

1 Predecir

Clasifique la siguiente lista de características de acuerdo con el tipo de texto periodístico al que se refieren.

Periódico sensacionalista	Periódico serio
informal	imparcial

imparcial	informal
frases cortas	párrafos largos
formal	subjetivo
frases largas	humorístico
despreocupado	objetivo
dramático	párrafos cortos
voz pasiva	con información irrelevante para dramatizar los hechos (por ejemplo: nombre y edad de personajes secundarios)

2 Analizar

Observe los titulares de los dos textos. ¿Cuál es el titular del periódico serio? ¿Por qué?

3 Leer

En parejas, observen de nuevo los titulares e ilustraciones y traten de predecir de qué tratan los artículos.

Después un estudiante lee el primer texto y el otro el segundo. Lean el texto que les corresponda al menos dos veces.

Primero lean el texto por encima para hacerse una idea general. Después lean el texto por segunda vez en detalle, y consulten en el diccionario aquellas palabras o expresiones que no conozcan.

Nuevo asalto de *Libertad Animal* a un laboratorio

La sede de Biomedicis S.L., laboratorio farmacéutico que se dedica a la experimentación y análisis de fármacos en desarrollo, fue irrumpida la pasada madrugada por un grupo de jóvenes activistas de la asociación Libertad Animal. Los guardas jurados que vigilaban el edificio fueron distraídos por los ecologistas que provocaron un incendio de grandes dimensiones frente a la puerta principal, mientras varios miembros del grupo habrían accedido estratégicamente al laboratorio por una ventana del primer piso. Todos los animales que la compañía utilizaba para sus experimentos fueron liberados en la operación. La policía fue avisada por los guardas jurados al descubrirse los hechos, pero los activistas ya habían abandonado la escena de los hechos con los animales, que de acuerdo con fuentes de la compañía se trataría de varias especies de roedores y pequeños mamíferos.

Un portavoz del grupo ecologista confirmó en una rueda de prensa posterior que habían procedido a liberar a los animales del laboratorio, y que durante la operación se escapó un primate que no pudieron controlar; también declaró que varios de los animales se encontraban en penoso estado de salud y estaban recibiendo tratamiento con un veterinario de la asociación. Los residentes de la zona han sido avisados por la policía, que ha solicitado que se pongan en contacto con ellos si tienen información con respecto al primate huido.

Pepe el mono se burla de sus liberadores

Una banda de hippies asaltó ayer de manera brutal el laboratorio de Biomedicis.

Primero incendiaron de manera totalmente imprudente la entrada del edificio. Pedro Martínez Villar, de 54 años de edad, padre de familia y valiente guarda del complejo, recuerda furioso el incidente: "fue espantoso, con fuego por todas partes".

Después el grupo de violentos melenudos destrozaron todo lo que pudieron. Finalmente se llevaron a todos los animales del laboratorio. Aunque Pepe, un astuto chimpancé, fue más listo que ellos y se escapó – seguramente no le gustó la pinta de sus raptores.

La empresa ha declarado que han perdido 10 conejos, 5 conejillos de indias y 16 hámsteres, además de Pepe: "el laboratorio no es el mismo sin Pepe, todos le echamos de menos, es una tragedia".

La empresa pide que los asaltantes devuelvan los animales para poder cuidarlos como se debe.

La policía está buscando al mono por toda la ciudad: "es peludo, mide algo menos de un metro, responde al nombre de Pepe".

4 Comparar

Ahora comparen los artículos que han leído y completen el cuadro con la información que aparece en ellos. Indiquen si la información tiene una función informativa o dramática.

Información	Artículo serio	Artículo sensacionalista	Función
Nombre del laboratorio			
Actividades que lleva a cabo el laboratorio	Experimentación y análisis de fármacos en desarrollo		informativa
Nombre del guarda del laboratorio			
Descripción del guarda.			
Edad del guarda			
Detalles de los animales liberados			
Descripción del primate			
Nombre del primate			

5 Leer

Lea el otro texto prestando atención a las diferencias de estilo con el que leyó antes.

6 Responder

Conteste a las siguientes preguntas de acuerdo la información de los textos que ha leído:

Texto: "Nuevo asalto de Libertad Animal a un laboratorio"

1 ¿Cuándo tuvo lugar el asalto?

2 ¿Qué hicieron los guardas al darse cuenta de la situación?

3 ¿Qué pensaron los ecologistas sobre los animales rescatados?

Texto: "Pepe el mono se burla de sus liberadores"

1 ¿Por qué cree el autor del artículo que Pepe se escapó?

2 ¿Por qué quiere el laboratorio recuperar a sus animales?

3 ¿Cómo se podrá identificar al mono fugado?

7 Distinguir

Decida si los siguientes adjetivos son objetivos (expresan un tono neutro) o subjetivos (tono emotivo). Anote si aparecieron en el artículo serio o sensacionalista.

Adjetivo	Tono	Artículo
brutal	subjetivo	sensacionalista
grandes		
varias		
violentos		
astuto		
jóvenes		
primer		
farmacéutico		
melenudos		
principal		
valiente		
imprudente		

8 Buscar

Busque y subraye frases en voz pasiva en los artículos. ¿Qué artículo utiliza la voz pasiva, el serio o el sensacionalista?

9 Transformar

Transforme las siguientes frases y escríbalas en voz pasiva. Asegúrese de que el tiempo verbal es el correcto.

Ejemplo:

Un grupo de jóvenes activistas de la asociación *Libertad Animal* irrumpieron la pasada madrugada en la sede de Biomedicis S.L.

→ La sede de Biomedicis S.L. **fue irrumpida** la pasada madrugada **por** un grupo de jóvenes activistas de la asociación *Libertad Animal*.

1 Los ecologistas sorprendieron a los guardas jurados con un incendio de grandes dimensiones.

2 La empresa acusa a los activistas de irrumpir en sus instalaciones y liberar a sus animales.

3 Los miembros del grupo no pudieron controlar a un primate.

4 La policía está buscando al primate huido.

5 El grupo ya ha asaltado varios laboratorios para liberar a los animales que se usan para la experimentación.

10 Formular

El condicional se puede utilizar para expresar suposiciones sobre hechos que no han sido confirmados. Formule frases condicionales de acuerdo con las siguientes suposiciones.

Ejemplo:

Los jóvenes accedieron al laboratorio por una ventana.

→ Los jóvenes habrían accedido al laboratorio por una ventana.

1 Los activistas atacaron a los guardas jurados.

2 Los animales liberados son todos mamíferos.

3 El laboratorio ha sido asaltado esta semana.

4 Un veterinario de la asociación está cuidando a los animales enfermos.

5 La policía ha encontrado al primate huido en un bosque cercano.

11 Traducir

Ahora traduzca al inglés las frases que formuló en el ejercicio anterior.

Ejemplo:

Los jóvenes habrían accedido al laboratorio por una ventana.

→ The youths allegedly broke into the laboratory through a window.

12 Modificar

Modifique estas tres frases del artículo sensacionalista para adaptarlas al estilo de un artículo serio. ¿Qué puede usted suprimir o reescribir para que el texto sea más imparcial y objetivo?

Ejemplo:

Una banda de hippies asaltó ayer de manera brutal el laboratorio de Biomedicis.

suprimir: de manera brutal

reescribir: una banda de hippies

→ Un grupo de jóvenes asaltó ayer el laboratorio de Biomedicis.

1   Primero incendiaron de manera totalmente imprudente la entrada del edificio.

2   Después el grupo de violentos melenudos destrozaron todo lo que pudieron.

3   Aunque Pcpc, un astuto chimpancé, fue más listo que ellos y se escapó.

13 Leer

Lea este artículo sensacionalista sobre 'el botellón'.

¡Hay que prohibirlo ya!

Ayer, un típico sábado por la noche terminó en una auténtica batalla campal en las calles de Madrid. Los tres jóvenes que fueron culpables de todo están en el hospital con varias heridas.

Ayer Federico Fernández Torre no pudo dormir. Tampoco pudieron dormir ninguno de sus vecinos. La Plaza Dos de Mayo donde viven se convirtió de nuevo en una discoteca al aire libre llena de adolescentes borrachos.

El botellón es una costumbre juvenil que cada vez molesta más y más a los vecinos, con chiquillos de entre 14 y 18 años que beben hasta perder el control.

Federico, taxista de 46 años de edad y padre de dos hijos, perdió los nervios cuando un grupo de alocados jovenzuelos empezó a golpear los contenedores de la basura como si fueran timbales.

"El ruido era horroroso, había un par de melenudos sacudiendo los contenedores con unos palos mientras otro les hacía los coros golpeando dos botellas vacías de cerveza".

Federico bajó a la calle acompañado de otro vecino, Pedro Manzano Calpe de 38 años de edad, y les dijeron a la improvisada banda musical que la fiesta había terminado.

Pero la cerveza ya se les había subido a la cabeza a los *músicos* y sin más contemplaciones atacaron brutalmente a Federico y a Pedro. "Se nos tiraron encima como ratas" recuerda Pedro.

Los dos valientes vecinos se defendieron como pudieron hasta que llegó la policía, y encima les arrestaron sospechosos de atacar a los jóvenes. ¡Es una vergüenza!

14 Discutir

Debata con sus compañeros sobre las ideas principales que transmite el texto, y sobre cómo se debería cambiar el artículo para adoptar el estilo de un periódico serio.

Elementos a considerar

- ¿Es el título adecuado para un artículo serio?

- ¿Qué tono debería adoptar el artículo, formal o informal?

- Identifique la información irrelevante que no es necesaria y que cumple una función dramática.

- ¿Qué palabras tienen un tono sensacionalista? ¿Cómo podrían sustituirse para que el artículo fuera más imparcial?

- ¿Hay alguna información relatada con tono humorístico?

- ¿Qué frases podrían ponerse en voz pasiva para darle al artículo un tono más serio?

- Identifique aquellas frases que relatan hechos que seguramente no han sido probados, y considere cómo se podrían modificar utilizando el condicional para transmitir que son suposiciones.

15 Escribir

Escriba su versión seria del artículo (180–200 palabras) teniendo en cuenta el debate del ejercicio anterior y el estilo de la prensa seria analizado en esta unidad.

16 Navegar

Si usted tiene acceso a internet podría llevar a cabo la siguiente actividad: Vaya a una dirección de internet de un periódico serio español:

http://www.elmundo.es

http://www.lavanguardia.es

http://www.elpais.es

En la casilla de búsqueda de información escriba la palabra 'botellón' y apriete el botón 'Buscar'. Elija uno de los artículos que aparecerán y léalo. Añada a su artículo información adicional que haya encontrado.

8 Crítica cinematográfica

Ustedes van a considerar cuáles son los elementos típicos de una crítica cinematográfica y después leerán la crítica de la película 'La Caza' de Carlos Saura. Trabajarán y practicarán en la gama de vocabulario cinematográfico y analizarán la estructura de una típica crítica cinematográfica. Tras practicar las estructuras para expresar opiniones, escribirán una crítica de una película de su elección.

1 Predecir

¿Qué elementos aparecerán en una crítica cinematográfica?

Ejemplos:

Opinión sobre la película

Información sobre el director

2 Leer

Primero lea el texto por encima para hacerse una idea general. Después lea el texto por segunda vez en detalle, y consulte en el diccionario aquellas palabras o expresiones que no conozca.

La caza ★★★★★

Dirección: Carlos Saura. **Guión:** Carlos Saura, Angelino Fons. **Producción:** Elías Querejeta. **Intérpretes:** Ismael Merlo, Alfredo Mayo, José María Prada, Emilio Gutiérrez Caba, Fernando Sánchez Polack, Violeta García, María Sánchez Aroca.

Esta alegoría de la traumatizada sociedad española de los años sesenta fue rodada en 1965, y se convirtió en uno de los primeros grandes éxitos internacionales del director Carlos Saura. Hoy en día se considera una de las películas clásicas del cine español.

La película, de influencias naturalistas y minimalistas, se desarrolla en un paraje árido castellano con la intervención de tan sólo cinco actores y dos actrices. El argumento se basa en un grupo de cuatro amigos que se reúnen en la finca de uno de ellos para pasar el día cazando conejos. A lo largo del día, y a medida que aumenta el calor, van apareciendo las frustraciones, desavenencias y envidias entre los tres amigos más mayores, mientras el más joven contempla confundido la violencia que va surgiendo en el ambiente. El desenlace final acaba con una sangrienta pelea en la que mueren los tres mayores y el joven escapa aturdido y desorientado.

En mi opinión, es natural que la película muestre grandes dosis de violencia, porque el argumento es una clara metáfora de las penurias de la sociedad española que tras la Guerra Civil vivió la represión del régimen dictatorial de Franco. Creo que es difícil imaginar a un trío de personajes, veteranos de la Guerra Civil, que mejor muestren unas personalidades llenas de frustración y violencia reprimida. A mi parecer, la película también muestra cómo la violencia humana también afecta a la naturaleza, encarnada en la figura de los conejos, animales dóciles e indefensos, por lo que no recomiendo esta película a quienes no deseen observar crueldad animal.

Es muy probable que Saura pretendiera representar con esta película los problemas sociales a los que se tuvo que enfrentar la sociedad española durante décadas, subrayando el hecho de que la Guerra Civil dejara traumatizada a toda una generación de españoles que tuvo que reprimir sus emociones durante la dictadura que siguió a la guerra. El final de la película es muy emotivo, como un susurro de esperanza, con el que Saura espera que el aturdimiento del joven Enrique represente a las generaciones jóvenes que no logran entender el comportamiento ni la manera de pensar de sus progenitores.

la desavenencia – desacuerdo, antagonismo

la penuria – miseria, escasez

el aturdimiento – desorientación, confusión mental

3 Responder

Responda a las siguientes preguntas basándose en el texto:

1 ¿Por qué se considera la película "La Caza" como una alegoría?

2 ¿Por qué es una película minimalista?

3 ¿Qué factor contribuye a la tensión y la violencia del día de caza?

4 ¿Qué tienen en común tres de los protagonistas?

5 ¿Cómo afectó la dictadura a la sociedad española?

4 Decidir

Decida si las siguientes afirmaciones son verdaderas (V) o falsas (F) y justifique su elección citando la frase relevante en el texto.

1 La película "La caza" contribuyó a abrir las puertas del mercado internacional a Saura. V / F

Justificación: _____

2 La película se rodó en una zona seca y desoladora en el centro de España. V / F

Justificación: _____

3 Al final de la película, de los cuatro protagonistas, sólo queda un superviviente. V / F

Justificación: _____

4 "La caza" sólo muestra escenas de violencia entre los personajes. V / F

Justificación: _____

5 La película no muestra una actitud positiva hacia el futuro del país. V / F

Justificación: _____

5 Añadir

Complete la lista que elaboró en el ejercicio 1 con los elementos que aparecen en el texto que acaba de leer.

6 Ordenar

Este tipo de texto tiene una estructura muy característica. Primero ordene los elementos A, B y C de acuerdo con el texto. Después coloque los tres elementos en la cabecera correspondiente de la tabla y rellene la tabla con la lista que aparece bajo la misma.

a   Resumen del argumento

b   Opinión sobre la película

c   Definición de la película

1.	2.	3.
género cinematográfico		

género cinematográfico

lugar que ocupa en la historia del cine

opinión sobre la película

mayores logros de la película

recomendaciones

lugar y año de rodaje

personajes y actores

argumento de la película

información sobre el director

puntos débiles

intenciones del director

7 Emparejar

Empareje los siguientes términos y expresiones cinematográficas que aparecen en el texto con sus sinónimos.

Término cinematográfico	Sinónimo
rodarse en	tratar de
convertirse en un éxito	el filme expone cómo
desarrollarse en	la trama
con la intervención de	el símbolo
el argumento	cosechar triunfos
basarse en	con la participación de
el desenlace	filmarse en
la metáfora	la conclusión
la película muestra cómo	llevarse a cabo en
pretender	apoyarse en

8 Interpretar

¿Cuál de las siguientes definiciones es correcta para la palabra 'alegoría'?

1   Una película muy triste.

2   Una representación simbólica.

3   Una exaltación de júbilo.

9 Resumir

Describa en unas 40 palabras qué simboliza el argumento de *La Caza*.

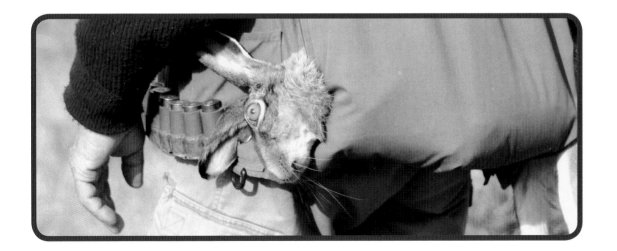

10 Distinguir

Decida si las siguientes frases del texto son objetivas o subjetivas.

1 La película se desarrolla en un paraje árido castellano con la intervención de tan sólo cinco actores y dos actrices. (**Objetiva** / ~~Subjetiva~~)

2 El desenlace final acaba con una sangrienta pelea en la que mueren los tres mayores y el joven escapa aturdido y desorientado. (Objetiva / Subjetiva)

3 En mi opinión, es natural que la película muestre grandes dosis de violencia, porque el argumento es una clara metáfora de las penurias de la sociedad española. (Objetiva / Subjetiva)

4 A mi parecer, la película también muestra cómo la violencia humana también afecta a la naturaleza. (Objetiva / Subjetiva)

5 No recomiendo esta película a quienes no deseen observar crueldad animal. (Objetiva / Subjetiva)

6 Es muy probable que Saura pretendiera representar con esta película los problemas sociales a los que se tuvo que enfrentar la sociedad española. (Objetiva / Subjetiva)

11 Buscar

En este tipo de texto abundan las expresiones que introducen opiniones subjetivas. Búsquelas en el texto y elabore una lista señalando si van seguidas de un verbo en indicativo o en subjuntivo.

Expresiones con indicativo	Expresiones con subjuntivo
en mi opinión	es natural que

12 Encontrar

Subraye todas las formas verbales que están en subjuntivo en el texto. Preste atención al contexto en el que aparecen.

Ejemplo:

muestre (verbo: mostrar)

13 Transformar

Transforme las siguientes frases cambiando la expresión inicial para que el verbo tenga que aparecer en subjuntivo (asegúrese de que el tiempo verbal es el correcto).

Ejemplo:

Es cierto que el argumento de la película está basado en la Guerra Civil.

→ **Es probable que** el argumento de la película **esté** basado en la Guerra Civil.

1   No dudo que los personajes están basados en la realidad.

2   En mi opinión el guión de la película es muy adecuado por la imagen que da de la sociedad española de la época.

3   Es obvio que el director trató de encarar la censura cinematográfica de aquellos tiempos.

4   Está claro que los actores se sentían identificados con sus personajes.

5   Es verdad que la imagen de la juventud española de la época mostraba la necesidad de cambios políticos y sociales.

14 Poner en común

Elabore con sus compañeros/as una lista de adjetivos que pueden utilizarse para describir una película. Coloquen los adjetivos en la tabla de acuerdo con si tienen un significado positivo o negativo.

Adjetivos positivos	Adjetivos negativos
impresionante	predecible

15 Planificar

En parejas elijan una película que hayan visto los / las dos y planifiquen la crítica cinematográfica que van a escribir más tarde. Escriban en la tabla expresiones útiles y palabras clave.

Título y director	
Definición	
Argumento	
Opinión	

16 Escribir

Escriba la crítica cinematográfica de la película de su elección (300 palabras) teniendo en cuenta el vocabulario y las estructuras practicadas durante esta unidad.

17 Navegar

Si usted tiene acceso a internet podría llevar a cabo la siguiente actividad: Vaya a la siguiente dirección de internet: **http://www.carlos-saura.com**

Allí encontrará todo tipo de información acerca de este director español. Siga el enlace 'entra' y luego siga el enlace 'obra' y lea las descripciones de otras películas de Saura de su elección anotando palabras y expresiones útiles.

9 Solicitud de puesto de trabajo

Ustedes van a considerar cuáles son los detalles que deberán aparecer en una carta solicitando un puesto de trabajo. Después leerán una carta de solicitud escrita por un joven universitario en respuesta a un anuncio de trabajo como Lector de Lengua Inglesa para la Universidad de Salamanca. Ustedes especularán sobre las preguntas a las que la carta da respuesta para establecer un diálogo imaginario entre el anunciante y el solicitante. Finalmente ustedes escribirán una carta de solicitud para un anuncio de trabajo concreto.

1 Predecir

¿Qué detalles deberían aparecer en una solicitud de puesto de trabajo?

Ejemplos:

- Datos personales
- Experiencia laboral

2 Leer

Primero lea la carta por encima para hacerse una idea general. Después lea la carta por segunda vez en detalle, y consulte en el diccionario aquellas palabras o expresiones que no conozca.

Martin Walter
75 Terence Road
London E2 7QV
Reino Unido

Londres, 5 de mayo de 20___

Sra. Dña. María Jesús Vargas Gutiérrez
Directora del Departamento de Filología Inglesa
Universidad de Salamanca
Plaza de Anaya s/n
37704 – Salamanca
España

Muy señora mía:

Con referencia al puesto anunciado el pasado día 3 de mayo de 20___ en el diario *The Guardian* de Lector/a de Lengua Inglesa, me gustaría presentar mi candidatura. Adjunto la documentación que solicitaban en el anuncio así como un Curriculum Vitae detallado.

Tal y como podrá comprobar en mi currículo soy un licenciado en Estudios Hispánicos (equivalentes a una licenciatura en Filología Hispánica) por la Universidad de Trentford. La nota media que obtuve en mi licenciatura fue de 2.1 (equivalente a notable), y además estuve durante un año en España como parte de mis estudios, por lo que mi nivel de castellano, tanto hablado como escrito, es muy avanzado.

Tengo dos años de experiencia docente, obtenida trabajando como voluntario en la zona donde vivo en el este de Londres, donde reside una amplia comunidad de refugiados hispanohablantes provenientes de diversos países latinoamericanos. Así he trabajado en programas de inmersión cultural y lingüística, dando clases de inglés en horario nocturno, por lo que estoy acostumbrado a ayudar a extranjeros a mejorar su inglés hablado y escrito.

Estoy muy interesado en el trabajo que ustedes ofrecen porque es mi intención dedicarme profesionalmente a la enseñanza de idiomas. Este puesto me daría una oportunidad excelente para desarrollar mis capacidades docentes, y me ofrecería una experiencia invaluable para mi futuro profesional.

El próximo mes de junio tengo planeado viajar a Madrid durante dos semanas para seguir perfeccionando mi español, por lo que estaría encantado de acudir a Salamanca a una entrevista durante mi estancia si usted lo considerara necesario.

No dude en ponerse en contacto conmigo si necesita más información. En mi currículo tiene el nombre y dirección de dos personas que podrán ofrecerle referencias sobre mis capacidades académicas y laborales.

Quedo a la espera de recibir sus gratas noticias.

Le saluda atentamente,

Martin Walter

Filología – estudios de lingüística

3 Añadir

Complete la lista que elaboró en el ejercicio 1 con los detalles que aparecen en el texto que acaba de leer.

4 Imaginar

En grupos de tres o cuatro elaboren una lista de preguntas a las que el texto da respuesta.

Ejemplo:

¿Tiene usted estudios universitarios?

Texto: Soy un licenciado en Estudios Hispánicos.

5 Buscar

Encuentre en el texto todas las expresiones que considere útiles a la hora de escribir una solicitud de puesto de trabajo y trate de traducirlas al inglés.

Expresiones formales	Traducción
Muy señora mía:	Dear …

6 Emparejar

Empareje las expresiones informales que aparecen a la izquierda con sus equivalentes expresiones formales de la derecha.

Expresiones informales	Expresiones formales
1 ¡Hola!	A Estaría encantado de
2 He visto el puesto que anuncian	B Me ofrecería una experiencia invaluable
3 Voy a obtener	C Le saluda atentamente
4 Quiero	D Muy señor/a mío/a:
5 Es muy bueno para mí	E Con referencia al puesto anunciado
6 No hay problema	F Es mi intención
7 ¡Hasta luego!	G Debería obtener

7 Reconocer

El modo condicional se utiliza en este tipo de textos refiriéndose al futuro. Hace que el texto sea más formal y le da a las frases un tono educado.

Subraye en el texto todas las formas verbales en condicional.

8 Transformar

Transforme las siguientes frases utilizando el condicional.

Ejemplos:

Este puesto supondrá una oportunidad excelente para desarrollar mis capacidades docentes.

→ Este puesto **supondría** una oportunidad excelente para desarrollar mis capacidades docentes.

1 Si usted quiere podré ir a una entrevista el mes que viene.

2 Querré llegar a ser un excelente profesor de idiomas.

3 Podrá comprobar mi experiencia escribiendo a mis referencias.

4 No tendré inconveniente en enviarle referencias.

5 Me encantará trabajar en su departamento.

9 Ordenar

Coloque los siguientes elementos de acuerdo con el orden lógico en que aparecen en el texto.

1 Experiencia relevante para el puesto

2 Interés por el puesto

3 Saludos

4 Referencia al anuncio del puesto de trabajo

5 Despedida

6 Estudios

7 Nivel de lengua española

8 Posibilidad de acudir a una entrevista

10 Leer

Lea este anuncio de trabajo detenidamente.

Se necesita

MONITOR

para un campamento infantil de verano.

Perfil:

- Inglés lengua materna, buen nivel de castellano.
- Edad entre 18–25 años.
- Experiencia con niños y adolescentes de 10–15 años.
- Deportista, especialmente deportes acuáticos.

Se ofrece:

- Alojamiento y comidas.
- 300 € / semana.

Interesados/as enviar su C.V. y carta de solicitud a

Campamento Costa del Sol

Av. Llamazares 3

41008 – Málaga

11 Imaginar

En parejas estudien los contenidos del anuncio y elaboren preguntas que se refieran a los puntos que menciona el anuncio. Después pregúntense entre ustedes: un/a estudiante pregunta y el/la otro/a responde. Sus respuestas formarán la base de la carta de solicitud que ustedes van a escribir en el ejercicio 12.

Ejemplo:

¿Es usted un hablante nativo de inglés?

→ Mi lengua materna es el inglés.

12 Escribir

Escriba su solicitud al puesto de trabajo que se ofrece en el ejercicio 10 (300 palabras) teniendo en cuenta las expresiones y las estructuras practicadas durante esta unidad.

13 Navegar

Si usted tiene acceso a internet podría llevar a cabo la siguiente actividad: Vaya a su buscador de internet preferido e introduzca las siguientes palabras para localizar sitios de internet con ofertas de trabajo: *buscar trabajo España.*

Una vez que esté en un sitio de internet con ofertas de trabajo busque ofertas de trabajo que le interesen. Seleccione una oferta y escriba una solicitud de trabajo para ella.

Estas ofertas de trabajo son reales, quizás usted quiera trabajar en España durante unos meses para perfeccionar su castellano. ¿Por qué no envía su solicitud? ¡Quizá le ofrezcan el trabajo!

10 Correspondencia comercial

Ustedes van a tratar de predecir cuáles son los detalles que deberán aparecer en una carta comercial solicitando ciertos servicios. Después leerán una carta enviada a una agencia publicitaria solicitando la elaboración y promoción de un anuncio. Ustedes practicarán las expresiones y estructuras típicas de este tipo de texto. Finalmente ustedes escribirán una carta comercial del mismo tipo concertando los servicios de una empresa.

1 Predecir

¿Qué detalles podrían aparecer en una carta enviada por una empresa a una agencia publicitaria solicitando sus servicios?

Ejemplos:

- Descripción del servicio que se solicita
- Fechas para la ejecución del servicio

MEGA

ORDENADORES PARA EL NUEVO MILENIO

Moll de Barcelona 234
38001 – Barcelona
www.PortMega.es

Barcelona, 15 de junio de 20__

Departamento de Campañas
PubliSer
Gran Vía 103
28704 – Madrid

Estimados/as Señores/as:

Por la presente nos gustaría confirmar los extremos discutidos en conversación telefónica con su Departamento de Ventas el pasado 10 de junio sobre la ejecución de una campaña publicitaria a nivel europeo.

Somos una empresa fabricante de equipos informáticos y estamos planeando una campaña publicitaria para nuestra nueva gama de portátiles Cosmo. Nuestra intención constaría en que nuestro anuncio apareciera simultáneamente en nueve países europeos (España, Portugal, Reino Unido, Francia, Italia, Dinamarca, Alemania, Noruega y Finlandia), en la revista PC-Global, que se publica mensualmente en esos países.

Preferiríamos un anuncio a página completa, rico en gráficos y a todo color. Sería deseable que el anuncio se incorporara a todas las ediciones de dichas revistas comprendidas entre los meses de enero a junio, ambos inclusive.

Su empresa estaría a cargo de elaborar el diseño y contenidos del anuncio, así como las traducciones correspondientes y adaptaciones necesarias para cada uno de los países. Asimismo, confirmo nuestra preferencia de que ustedes se encarguen de ponerse en contacto con los representantes de PC-Global para acordar la inserción del anuncio.

Hemos asignado a este proyecto un presupuesto de 10.000 euros, y espero que ustedes puedan ajustar los costes dentro de dicha cantidad. A este respecto me gustaría que tuvieran en cuenta que estamos planeando más campañas publicitarias para el futuro, y si esta se lleva a una consecución satisfactoria continuaremos utilizando sus servicios en el futuro.

Les ruego nos envíen a la dirección indicada en el membrete su propuesta de presupuesto así como algún ejemplo de promociones similares que hayan llevado a cabo en el pasado.

Sin otro particular, quedamos a la espera de sus noticias.

Atentamente,

Isabel Martínez de la Peña

Directora Comercial

membrete – nombre y dirección que forma el encabezado de una carta

2 Leer

Primero lea la carta por encima para hacerse una idea general. Después lea la carta por segunda vez en detalle, y consulte en el diccionario aquellas palabras o expresiones que no conozca.

3 Añadir

Complete la lista que elaboró en el ejercicio 1 con los detalles que aparecen en el texto que acaba de leer.

4 Buscar

Esta carta contiene muchas expresiones típicas de la correspondencia comercial formal. Busque en el texto expresiones españolas equivalentes a las que se listan aquí en inglés.

Expresiones en inglés	Expresiones en castellano
The purpose of this letter (is to confirm)	Por la presente (nos gustaría confirmar)
It would be desirable if / to …	
the issues discussed	
proposed budget	
likewise	
We look forward to hearing from you	
to get in touch with	
with regard to this	
sample of similar campaigns	
I would be grateful if …	

5 Emparejar

Empareje las expresiones informales que aparecen a la izquierda con sus equivalentes expresiones formales que aparecen en la carta.

Expresiones informales	Expresiones formales
1 buen trabajo	A conversación telefónica
2 muchos saludos	B nuestra intención constaría en
3 vamos a gastar	C su empresa estaría a cargo de elaborar
4 queremos	D hemos asignado a este proyecto
5 vosotros haréis	E consecución satisfactoria
6 llamada	F sin otro particular
7 eso es todo	G atentamente

6 Reconocer

Como ya vieron en la unidad 9 el modo condicional se utiliza en textos formales refiriéndose a planes e intenciones para el futuro de manera educada. Si la frase condicional va seguida de una frase subordinada introducida por 'que' o 'en que', el verbo de esa frase estará conjugado en el pretérito imperfecto de subjuntivo.

Subraye en el texto todas las frases condicionales seguidas de subjuntivo.

7 Completar

Complete las siguientes frases con la forma verbal correcta (infinitivo, pretérito imperfecto de subjuntivo o presente de indicativo).

Ejemplo:

Nos gustaría _____ (confirmar) el pedido efectuado ayer.

→ Nos gustaría **confirmar** el pedido efectuado ayer.

1 Querríamos _____ (contratar) sus servicios.

2 Preferiríamos un anuncio que _____ (ocupar) media página.

3 Podríamos considerar _____ (ampliar) nuestro presupuesto.

4 Me gustaría que _____ (tener) en consideración que _____ (planear) contratarles de nuevo en el futuro.

5 Le rogaría que no _____ (tardar) en _____ (contestar) a esta carta.

8 Distinguir

Observe las siguientes frases extraídas del texto y decida si indican preferencias o condiciones.

Expresión del texto	Categorías
Preferiríamos un anuncio a página completa.	**A Expresar preferencias** B Delimitar condiciones
Sería deseable que el anuncio se incorporara a todas las ediciones.	A Expresar preferencias B Delimitar condiciones
Su empresa estaría a cargo de elaborar el diseño y contenidos del anuncio.	A Expresar preferencias B Delimitar condiciones
Asimismo, confirmo nuestra preferencia de que ustedes se encarguen de ponerse en contacto con los representantes.	A Expresar preferencias B Delimitar condiciones
Hemos asignado a este proyecto un presupuesto de 10.000 euros.	A Expresar preferencias B Delimitar condiciones
Les ruego nos envíen (…) su propuesta de presupuesto.	A Expresar preferencias B Delimitar condiciones

9 Extraer

Extraiga de las frases del ejercicio anterior las palabras que le dan a las frases la indicación de preferencias o condiciones.

Expresar preferencias	Delimitar condiciones
preferiríamos	

10 Componer

En parejas lean las instrucciones contenidas en el siguiente memorandum. Redacten una versión preliminar de una carta (150–200 palabras) que ustedes mandarán basada en el memorándum. Recuerden utilizar las expresiones practicadas en esta unidad. También pueden utilizar el diccionario.

MEMORANDUM

FAO: Marketing Dept.

Date: 3 October 20___

Please contact:

MercaSur, Plaza de las Naranjas, 10–15, Sevilla, 18003

Ref meeting here on 15 September with Carlos Frutos

Request 1 poster 2m x 2m colour for exhibition stand at Intercom fair in Madrid, 2 June

Agree to quoted costs provided they include postage

Explain that we'd prefer to use design featuring Pablo Picasso with a Telefonia handset

Send sample for approval by 1 March – need final version sent to London offices by 30 April at very latest

Any problems contact Nat Maguire

Telefonia

24 Watergate Road

London

WC2

11 Escribir

Intercambien su versión preliminar con la de otra pareja, que sugerirá mejoras al texto y señalará errores de acuerdo con la lista de comprobación gramatical. Después incorporen las sugerencias de sus compañeros/as y escriban el texto definitivo individualmente.

12 Navegar

Si usted tiene acceso a internet podría llevar a cabo la siguiente actividad: Vaya a su buscador de internet preferido e introduzca las siguientes palabras para localizar sitios de internet con ejemplos de cartas comerciales: *cartas comerciales ejemplos.*

Trate de encontrar modelos de cartas comerciales en los sitios que liste su buscador de internet.

Elija uno de los modelos de carta comercial e imprímalo. Después escriba su propia carta, modificándola con información ficticia y transformando algunos verbos al modo condicional para darle a la carta mayor formalidad.

11 Carta de reclamación

Ustedes van a leer una carta de reclamación enviada a una compañía aérea. Después observarán la estructura de la carta y practicarán las expresiones y elementos gramaticales típicos de este tipo de texto. Finalmente ustedes escribirán una carta de reclamación a un agente de viajes.

1 Predecir

¿Qué problemas podrían haberle ocurrido a un pasajero en un vuelo comercial para que decidiera escribir una carta de reclamación a la compañía aérea?

Ejemplos:

- El vuelo se retrasó varias horas.
- Sus maletas no llegaron al destino.

2 Leer

Primero lea la carta por encima para hacerse una idea general. Después lea la carta por segunda vez en detalle, y consulte en el diccionario aquellas palabras o expresiones que no conozca.

✗ DO NOT PHOTOCOPY

Marisa Quiñones Avilés
C/ Palmar 35, 6°A
65457 – Málaga

Málaga, 9 de febrero de 20__

Aerolíneas Península
Av. Acacias 82
75984 – Sevilla

Estimados/as Señores/as:

Me gustaría presentarles una reclamación con respecto a la mala atención que recibí en uno de sus vuelos. El pasado 13 de enero de 20__ viajé de Málaga a Buenos Aires en el vuelo número 9675 fletado por su compañía, y regresé a Málaga el día 28 del mismo mes en el vuelo 9246, también de su compañía.

Cuando compré el billete les indiqué por teléfono que soy vegetariana y que estaba embarazada de cinco meses. Así pues, durante el viaje deberían haberme ofrecido comida apropiada, deberían haberme dado plaza en un asiento de pasillo para facilitar mis movimientos y debería haber tenido suficiente espacio para poder sentarme confortablemente.

El viaje de ida de Málaga a Buenos Aires fue aceptable, pero en el viaje de vuelta las condiciones fueron francamente intolerables. A pesar de que su operador me aseguró durante la conversación telefónica que me reservarían un asiento en un lugar preferente, la fila de mi asiento fue la que se encuentra justo al lado de los servicios, y los malos olores me produjeron fuertes náuseas. Su operario también sugirió que incluso me acomodarían en primera clase si disponían de plazas, no obstante su personal de vuelo se negó rotundamente a permitirme ocupar una de esas plazas. Además, aunque ofrecían alternativas vegetarianas en el menú, debido a que mi asiento fue el último en ser atendido, la comida vegetariana se terminó, con lo que sólo pude comer unas galletas durante todo el viaje. Para terminar otro pasajero se empeñó en ocupar el asiento de pasillo que se me había asignado, sin tener en consideración mi incomodidad, y a pesar de que su personal de vuelo escuchó mis quejas con atención no le solicitaron que me cediera el asiento.

Me siento extremadamente disgustada con el trato que he recibido, y considero que su servicio fue de una calidad realmente inferior. Espero que se den cuenta de lo terrible que fue el viaje para mí, dada mi condición de embarazada.

Me gustaría recibir algún tipo de compensación puesto que me parece que el trato que recibí fue inaceptable.

Espero recibir pronto su respuesta a la presente reclamación.

Atentamente,

Marisa Quiñones Avilés

---

fletar – organizar un medio de transporte para un viaje

3 Añadir

Complete la lista que elaboró en el ejercicio 1 con los detalles que aparecen en el texto que acaba de leer.

4 Ordenar

Ponga en orden los siguientes elementos que componen la carta de reclamación.

1   Relato de lo que sucedió y sus consecuencias.

2   Detalles del vuelo (fechas, destinos y número de vuelo).

3   Solicitud de compensación.

4   Solicitud de que la reclamación sea atendida con prontitud.

5   Requisitos de la pasajera para el vuelo (lo que debería haber ocurrido).

6   Valoración negativa de la experiencia.

✗ **DO NOT PHOTOCOPY**

5 Buscar

Complete la siguiente tabla con elementos del texto. No es necesario que utilicen las mismas palabras que en el texto.

¿Qué debería haber ocurrido?	¿Qué ocurrió en realidad?	Consecuencias
1		La embarazada sufrió fuertes náuseas.
2	El personal de vuelo se negó a dejarle sentarse en primera clase.	
3		La pasajera embarazada no tuvo un asiento de pasillo.
4 Debería haber obtenido comida vegetariana.		

6 Practicar

Utilice la estructura condicional 'debería/n haber + participio' para explicar lo que debería haber sucedido.

Ejemplo:

No tuve un asiento de pasillo.

→ **Debería haber tenido** un asiento de pasillo.

1   No me ofrecieron comida vegetariana.

2   No les acomodaron en primera clase.

3   El avión no llegó a la hora prevista.

4   La azafata no me ayudó con las maletas.

5   El aire acondicionado no funcionaba.

7 Encontrar

Subraye en el texto las expresiones útiles que podrían utilizarse para hacer reclamaciones en otros contextos.

Ejemplos:

Me gustaría presentarles una reclamación.

La mala atención que recibí.

8 Traducir

Traduzca las siguientes frases al inglés, prestando atención a las conjunciones en negrita que se utilizan para expresar concesiones.

Ejemplo:

Aunque ofrecían alternativas vegetarianas en el menú, éstas se terminaron antes de servirme a mí.

→ **Although** there were vegetarian alternatives on the menu, these had run out before I was served.

1 El viaje fue aceptable, **pero** el avión llegó con mucho retraso.

2 **A pesar de** que el personal de vuelo me trató de manera educada, no me ayudaron.

3 Me prometieron que podría sentarme en primera clase, **no obstante** tuve que realizar todo el viaje en segunda clase.

4 Me reservaron un asiento de pasillo, **sin embargo** otro pasajero ocupó el asiento.

9 Imaginar

En parejas imaginen que han estado de vacaciones en España y que no han quedado contentos/as con el hotel donde se alojaron. Hagan una lista con todo lo que pudiera ser motivo de queja o reclamación en una estancia en un hotel.

Ejemplos:

- La habitación estaba sucia.

- No había agua caliente en la ducha.

10 Planificar

Ahora individualmente elija cinco de los elementos que puso en la lista del ejercicio anterior y rellene la tabla adecuadamente.

¿Qué debería haber ocurrido?	¿Qué ocurrió en realidad?	Consecuencias
1		
2		
3		
4		
5		

11 Componer

Escriba una carta de reclamación (250–300 palabras) a su agente de viajes, basada en los elementos que haya elegido para el ejercicio anterior. Repase en el ejercicio 4 el orden lógico de una carta de este tipo, y recuerde utilizar 'debería/n haber + participio' y las conjunciones para expresar concesión practicadas en esta unidad. También puede consultar el diccionario.

12 Navegar

Si usted tiene acceso a internet podría llevar a cabo la siguiente actividad: Vaya a su buscador de internet preferido e introduzca las siguientes palabras para localizar el sitio de internet de una organización de consumidores española: *organización consumidores.*

En el sitio de internet de la organización trate de encontrar artículos sobre productos y servicios con problemas sobre los que se alerta a los consumidores (estos artículos normalmente están en una sección del sitio llamada *Noticias*).

Elija una de las noticias, léala y escriba una carta de reclamación con los problemas encontrados a la compañía que ofrece el producto o servicio.

12 Tabaquismo y drogadicción

Ustedes van a leer un artículo sobre los efectos negativos del consumo de tabaco. Después trabajarán con las diferentes expresiones utilizadas para explicar razones y consecuencias, y para convencer y persuadir. Después pondrán en común diferentes ideas que podrían incluirse en un artículo sobre los efectos negativos del consumo de drogas y escribirán individualmente el artículo, destinado a una revista juvenil.

1 Deducir

Lea el título del texto de esta unidad. ¿Cree que el texto está a favor o en contra del hábito de fumar?

2 Predecir

Basándose en el título del artículo,¿de qué ideas cree que va a tratar el texto?

Ejemplos:

- Enfermedades que provoca el tabaco
- Fumadores pasivos

3 Leer

Primero lea el texto por encima para hacerse una idea general. Después lea el texto por segunda vez en detalle, y consulte en el diccionario aquellas palabras o expresiones que no conozca.

El tabaco no sólo afecta al fumador sino a todo su entorno

Está absolutamente probado que fumar afecta muy negativamente a la salud, provocando múltiples enfermedades a corto y largo plazo para el fumador; pero también daña la salud de todo lo que rodea al fumador, ya sean personas, animales o plantas.

El tabaquismo es una de las adicciones más extendidas en Europa, y afecta a todos los grupos sociales independientemente de su sexo, edad o condición. El tabaco, y principalmente su contenido en nicotina y alquitrán, provoca muchas enfermedades, tales como cáncer del sistema respiratorio y pulmonar, asma, y bronquitis, además de hacer más difícil la defensa del organismo contra enfermedades virales tales como gripe y neumonía. El tratamiento de estas enfermedades supone una

carga muy importante sobre el sistema sanitario de un país, lo que explica el interés de los gobiernos europeos por concienciar a la población de los malos efectos del tabaco sobre la salud, y en consecuencia el parlamento europeo adoptó una resolución en el año 2003 prohibiendo la publicidad de las marcas de tabaco.

Tampoco se puede olvidar que las toxinas del tabaco que se fuma pasan a formar parte del aire que respiramos, por lo que las personas que conviven o trabajan con fumadores pueden llegar a contraer prácticamente las mismas enfermedades que el propio fumador. Es fundamental tener en cuenta que entre estos fumadores pasivos hay varios grupos de especial riesgo: niños, mujeres embarazadas y ancianos. Así que, también se han regulado por ley los espacios donde no está permitido fumar, tales como oficinas, colegios, aviones y autobuses. En añadidura hay que recordar que los no fumadores resienten la presión que los fumadores ponen en el sistema de salud debido a las múltiples enfermedades que causan.

Otra razón de peso para desaconsejar el tabaquismo es el efecto negativo que también produce en animales, plantas, y el medio ambiente en general, puesto que los animales de compañía se convierten en fumadores pasivos de la misma manera que lo hacen las demás personas que habiten una casa. Además, a causa del humo de los billones de cigarrillos que se consumen en el mundo a diario aumenta el problema del calentamiento de la superficie terrestre contribuyendo al efecto invernadero.

Es muy importante concienciar y educar a los adolescentes sobre los enormes beneficios de no fumar, porque de hecho la adolescencia es una etapa crucial en la que se forman los hábitos de fumar; de ahí que los gobiernos europeos hayan desarrollado en los últimos años programas de acción educativa que se imparten localmente en los colegios, institutos y universidades.

En definitiva se puede afirmar que el hábito de fumar es una de las adicciones contemporáneas más extendidas y dañinas, que afecta al conjunto de la sociedad tanto a nivel sanitario como económico, y al medio ambiente en general.

el tabaquismo – adicción al tabaco

4 Añadir

Complete la lista que elaboró en el ejercicio 2 con las ideas que aparecen en el texto que acaba de leer.

5 Analizar

Decida si la parte de la frase en cursiva expresa una razón o una consecuencia con respecto a la primera parte de la frase.

	Razón	Consecuencia
Las toxinas del tabaco pasan al aire *por la acción de fumar*.	✓	
Los gobiernos quieren reducir el consumo de tabaco, y *en consecuencia se ha adoptado una resolución para prohibir la publicidad del tabaco*.		
El tabaquismo es una carga para el sistema sanitario, *lo que explica el interés de los gobiernos por concienciar a la población de no fumar*.		
El humo del tabaco contiene toxinas, *por lo que las personas que rodean a los fumadores pueden contraer las mismas enfermedades*.		
Los fumadores ponen mucha presión en el sistema de salud *debido a las múltiples enfermedades que causan*.		
En el mundo se consumen billones de cigarrillos cada día, y *a causa del humo de los cigarrillos aumenta el problema del calentamiento terrestre*.		
En la adolescencia se forma el hábito de fumar, *de ahí que los gobiernos europeos traten de educar a los adolescentes*.		

6 Elaborar

Complete las siguientes frases con una razón o una consecuencia, de acuerdo con la palabra o expresión que aparece en cursiva. Usted puede utilizar sus propias ideas, o aquellas que aparecen en el texto.

Ejemplo:

No está permitido fumar en lugares públicos, *debido a que* …

→ No está permitido fumar en lugares públicos, *debido a que* **los fumadores pasivos pueden padecer muchas enfermedades**.

1 La cantidad de enfermedades provocadas por el tabaco afecta al sistema sanitario, por lo que …

2 Los gobiernos quieren reducir la influencia del tabaco en la población, y en consecuencia …

3 Los fumadores pasivos enferman por …

4 Los animales de compañía respiran el mismo aire que nosotros, de ahí que …

5 En los colegios se trata de convencer a los jóvenes de que no fumen, puesto que …

7 Emparejar

En textos de este tipo hay expresiones cuya función es convencer o persuadir.
Empareje las siguientes expresiones del texto con su equivalente en inglés.

Expresión del texto	Equivalente en inglés
1 Está absolutamente probado que …	a It is very important …
2 Tampoco se puede olvidar que …	b It is essential to take into account …
3 Es fundamental tener en cuenta …	c Another compelling argument / reason …
4 Otra razón de peso …	d It is proven beyond doubt that …
5 Es muy importante …	e Neither should one forget that …

8 Ordenar

La estructura de un texto de este tipo es importante, porque al aparecer bien estructurados los argumentos son más convincentes. Ordene los siguientes elementos de acuerdo con el orden en que aparecen en el texto.

1 Efectos del tabaco sobre el medio ambiente.

2 Resumen del punto de vista del texto.

3 Conclusión: afirmación del resumen hecho al principio.

4 Efectos del tabaco sobre los fumadores.

5 Medidas que deben tomarse para solucionar el problema.

6 Efectos del tabaco sobre los no fumadores.

9 Poner en común

Ustedes van a escribir un artículo basado en los efectos negativos de tomar drogas. Su punto de vista es que está en contra del consumo de drogas, tanto blandas como duras. Primero, en grupos de tres o cuatro estudiantes, decidan sobre las ideas que van a utilizar para escribir su artículo.

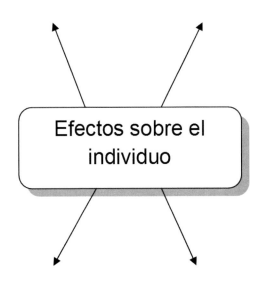

Efectos sobre el individuo

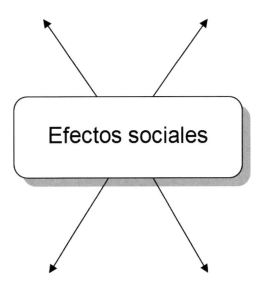

Efectos sociales

10 Resumir

Ahora individualmente, resuma en un pequeño párrafo (30–40 palabras) los efectos negativos que haya incluido en el ejercicio anterior. Este párrafo será la introducción de su artículo.

11 Conectar

Usted necesitará utilizar palabras y expresiones que conecten las diferentes ideas en su artículo. Busque en el texto conectores de este tipo.

Ejemplos:

El tabaco **no sólo** afecta al fumador **sino** a todo su entorno.

… a corto y largo plazo para el fumador; **pero también** daña la salud de todo lo que rodea …

12 Componer

Escriba un artículo (400–500 palabras) para una revista juvenil sobre los efectos negativos de consumir drogas. Recuerde estructurar su texto e incluir las diferentes ideas y expresiones practicadas en esta unidad. También puede consultar el diccionario.

13 Navegar

Si usted tiene acceso a internet podría llevar a cabo la siguiente actividad: Vaya a su buscador de internet preferido e introduzca las siguientes palabras para localizar sitios de internet con información sobre el consumo de drogas: *tipos drogas efectos.*

En los sitios que encuentre trate de localizar información sobre las drogas más habitualmente consumidas por los jóvenes, con sus características, efectos y riesgos para la salud.

Añada a su artículo información útil que haya encontrado en internet.

13 Vegetarianismo

Ustedes van a leer un artículo en defensa del consumo de carne y en contra del vegetarianismo. Después trabajarán con los diferentes recursos retóricos y expresiones utilizadas para convencer y persuadir. Analizarán los argumentos y expresiones utilizadas por el autor y escribirán un artículo en defensa del vegetarianismo y los animales, destinado a un folleto informativo.

1 Predecir

¿Qué vocabulario e ideas aparecerán en un artículo que defiende el consumo de carne frente al vegetarianismo?

Vocabulario	Ideas
dieta	comer carne es algo natural
nutrición	

2 Leer

Primero lea el texto por encima para hacerse una idea general. Después lea el texto por segunda vez en detalle, y consulte en el diccionario aquellas palabras o expresiones que no conozca.

¿Carne o no carne?

Vivimos en una sociedad en la que las modas tienen una creciente influencia sobre el comportamiento de las personas. Una de esas modas en auge es el vegetarianismo, que se nos quiere vender basado en los supuestos beneficios que conlleva para la salud y para el medio ambiente, no obstante todas esas ventajas no están nada claras.

Algo en lo que todos los expertos en nutrición coinciden en afirmar es la necesidad de una dieta lo más variada posible. Entonces preguntémonos ¿cómo es posible que una dieta vegetariana sea beneficiosa para la salud quitando de la dieta grupos alimenticios tan amplios y variados como la carne y el pescado? Los seguidores del vegetarianismo desprecian la carne como si de un veneno se tratara, nada más lejos de la realidad, ya que los diferentes tipos de carne son ricos en nutrientes, minerales y proteínas que no están presentes en ningún otro tipo de alimento.

También se suele acusar a los que comemos carne de no velar por el bienestar de los animales, lo cual es una reacción más bien histérica. En realidad, los que comemos carne somos los primeros interesados en que los animales tengan calidad de vida, para que crezcan sanos. Se nos acusa ingratamente de problemas sanitarios aislados, pero al contrario nuestra presión como grupo de consumidores hace que la carne sea cada vez de mejor calidad, con más controles de higiene y mayor respeto en el trato de los animales.

Otra cuestión diferente es la práctica de la ganadería intensiva, y ahí se les puede dar la razón a los defensores del vegetarianismo, sin embargo cada vez son más los ganaderos que crían a sus animales de manera orgánica mejorando no sólo la calidad de los productos alimenticios sino también la calidad de vida de los animales.

Tras escuchar los argumentos de los supuestos defensores de la naturaleza, uno no puede por más que preguntarse si estamos hablando de hábitos alimenticios, o si más bien se trata de una especie de moda. Hay quien ha llegado a declarar como brutal el acto de comer carne, y lo único brutal en este debate es la absoluta ignorancia que revelan esos argumentos. Recordemos que los seres humanos somos animales mamíferos y omnívoros, y nuestro organismo ha evolucionado durante millones de años para adaptarse a nuestras necesidades, por ejemplo nuestra dentadura está diseñada para poder comer todo tipo de alimentos, incluida la carne. No comemos carne por capricho o brutalidad, comemos carne porque nuestro cuerpo necesita este tipo de alimento, al igual que necesita verduras, e hidratos de carbono. El ser vegetariano trata de negar nuestra condición, cambiar nuestros hábitos naturales y desplazarnos en la cadena alimenticia, lo que puede tener consecuencias muy graves para nuestro entorno.

La naturaleza es un gran ente armónico, donde cada ser vivo tiene su función, su lugar y su ámbito de influencia. Tenemos que considerar que la expansión del vegetarianismo podría acarrear el desequilibrio del orden natural, la disminución de la calidad de vida de los animales y la destrucción del estilo de vida rural.

3 Añadir

Complete la lista que elaboró en el ejercicio 1 con los detalles que aparecen en el texto que acaba de leer.

4 Buscar

En este tipo de textos suele aparecer vocabulario muy vívido para que los argumentos sean más convincentes. Busque en el texto los equivalentes a las siguientes expresiones.

Expresión normal	Expresión vívida del texto
rechazar la carne	despreciar la carne
algo malo	
una reacción exagerada	
algo agresivo	
el desconocimiento	
el daño	

5 Analizar

Un recurso retórico muy útil para ser convincente es listar razones e ideas en grupos de tres elementos. Trate de encontrar en el texto tres ejemplos de este recurso.

Ejemplos:

- Hace que la carne sea cada vez de mejor calidad, con más controles de higiene y mayor respeto en el trato de los animales.

- Los diferentes tipos de carne son ricos en **nutrientes, minerales** y **proteínas**.

6 Sugerir

Otro recurso retórico para que un argumento sea más convincente es utilizar el modo imperativo del verbo en la primera persona del plural, de esta manera el autor engloba al lector en sus opiniones. Reescriban las frases siguientes de acuerdo con el ejemplo, para que la frase implique más directamente al lector.

Ejemplo:

Uno puede preguntarse sobre los beneficios de ser vegetariano.

→ **Preguntémonos** sobre los beneficios de ser vegetariano.

1   No **se debe olvidar** que lo más saludable es una dieta variada.

2   **Se tiene que tener** en cuenta que los consumidores de carne están interesados en la calidad de lo que comen.

3   **Hay que recordar** que los seres humanos somos animales omnívoros.

4   **Hay que comer** bien, de manera equilibrada.

5   Es importante que no **se confunda** la alimentación con la moral.

7 Reescribir

En este tipo de texto el autor suele citar ideas contrarias a las suyas para luego demostrar que no son ciertas. En los siguientes extractos del texto señale la expresión que indica oposición o contraste y reescriba con sus propias palabras las razones que da el autor para defender el consumo de carne.

Extracto del texto	Expresión de contraste / oposición	Reelaboración de la idea del autor
(…) desprecian la carne como si de un veneno se tratara, **nada más lejos de la realidad**, ya que los diferentes tipos de carne son ricos en nutrientes, minerales y proteínas (…)	nada más lejos de la realidad	La carne es buena para la salud porque es muy nutritiva.
(…) se suele acusar a los que comemos carne de no velar por el bienestar de los animales, (…). En realidad, los que comemos carne somos los primeros interesados en que los animales tengan calidad de vida (…)		
Otra cuestión diferente es la práctica de la ganadería intensiva, (…), sin embargo cada vez son más los ganaderos que crían a sus animales de manera orgánica (…)		
Se nos acusa ingratamente de problemas sanitarios aislados, pero al contrario nuestra presión como grupo de consumidores hace que la carne sea cada vez de mejor calidad (…)		

8 Convertir

Ahora observe de nuevo los extractos del ejercicio anterior y transcriba en la tabla
el punto de vista vegetariano que menciona el autor. Estos argumentos han sido
expuestos de manera negativa y con poco peso para que sea fácil convencer al lector.
Transforme los extractos de manera positiva para que reflejen mejor el punto de vista
de los vegetarianos.

Extracto del texto	Idea transformada
… desprecian la carne como si de un veneno se tratara …	… rechazamos comer carne porque no creemos que comer animales sea lo correcto …

9 Redactar

Escriba un artículo (400–500 palabras) para un folleto informativo en apoyo de la
defensa de los animales y el vegetarianismo. Recuerde incluir las diferentes ideas,
expresiones y estructuras practicadas en esta unidad (vocabulario vívido, listas de tres
razones, sugerencias en primera persona del plural del imperativo y expresiones de
contraste / oposición). También puede consultar el diccionario.

10 Revisar

Intercambie su artículo con el de un/a compañero/a de clase. Subraye los adjetivos utilizados por su compañero/a y trate de encontrar adjetivos sinónimos en el diccionario que sean más vívidos y emotivos.

Cuando su compañero/a le devuelva su texto reescríbalo incluyendo los nuevos adjetivos indicados por su compañero/a.

11 Navegar

Si usted tiene acceso a internet podría llevar a cabo la siguiente actividad: Vaya a su buscador de internet preferido e introduzca las siguientes palabras para localizar sitios de internet que recomienden el vegetarianismo: *razones hacerse vegetariano*.

En los sitios que encuentre trate de localizar información que dé razones para hacerse vegetariano.

Añada a su artículo información útil que haya encontrado en internet.

14 Internet en nuestras vidas

Ustedes van a leer una composición sobre el uso de internet en el sistema educativo. Analizarán la composición con respecto a su estructura y a cómo el autor enlaza las diferentes ideas y construye sus argumentos. Después ustedes escribirán una composición sobre un tema similar, basándose en ideas debatidas con sus compañeros/as.

1 Predecir

Lea el título de la composición de esta unidad y prediga qué ideas podrán aparecer a favor y en contra del tema expresado en el título.

A favor	En contra
En internet se pueden encontrar fácilmente textos en muchos idiomas.	Utilizando internet se pierde mucho tiempo.

2 Leer

Primero lea la composición por encima para hacerse una idea general. Después lea el texto por segunda vez en detalle, y consulte en el diccionario aquellas palabras o expresiones que no conozca.

El uso de internet es beneficioso para el sistema educativo del siglo XXI

Durante los últimos diez años las tecnologías de información y comunicación (TIC) han alcanzado gran sofisticación gracias al apoyo gubernamental y al abaratamiento de los equipos informáticos, que ahora están presentes en todos los centros educativos y en multitud de hogares. Por una parte el uso de las nuevas tecnologías podría tener un efecto negativo en la enseñanza, pero por otra parte podría reportar muchos beneficios ayudando a satisfacer las necesidades de un sistema educativo moderno.

Uno de los puntos más conflictivos de la implantación de las TIC en la educación es el posible deterioro de las condiciones de trabajo de los profesores. Esto se debe a que el uso de entornos virtuales no sólo podría incrementar su volumen de trabajo y expandir su jornada laboral, sino que también obligaría a los profesores a ampliar sus conocimientos para poder utilizar la tecnología adecuadamente.

Los detractores del uso de las TIC en la educación también argumentan que la calidad de la enseñanza podría verse afectada. Las razones que suelen apuntarse son que no todas las asignaturas pueden adaptarse perfectamente a un medio virtual, como por ejemplo los idiomas o las ciencias experimentales, y también que la falta de experiencia en el uso de las diferentes tecnologías por parte de los profesores y alumnos podría resultar en grandes pérdidas de tiempo.

Otro posible problema es la impersonalización de las relaciones entre profesores y alumnos. La distancia que provoca el medio virtual podría desmotivar a los alumnos, que ya no se sentirían vinculados a un centro educativo y además los profesores dejarían de ser figuras importantes en la vida de los alumnos.

Sin embargo, la implantación y uso de las TIC tienen un enorme potencial para el sector de la educación. Esto se debe a que permite ofrecer acceso a la educación sin barreras físicas; algo que beneficiaría no sólo a las personas discapacitadas, sino también a todos aquellos que por cuestiones laborales o familiares no pudieran integrar un programa de enseñanza en su vida cotidiana. En efecto ya hay varias iniciativas que han demostrado la necesidad social latente de una educación flexible que pueda ajustarse a las necesidades individuales de los ciudadanos. Una de estas iniciativas es la Universitat Oberta de Catalunya, con sede en Barcelona, y que es la primera universidad virtual europea, y que ya cuenta con más de 38.000 alumnos.

También hay que tener en cuenta que el uso de las nuevas tecnologías ayudará a motivar a los estudiantes, ya que internet es hoy en día parte integral de la vida de las generaciones más jóvenes, y los estudiantes poseen un alto nivel de conocimientos y experiencia en el uso de las TIC.

Además, las TIC también ayudarán a combatir el problema de la saturación de los colegios y universidades, que tienen muchas dificultades para adaptarse al creciente número de alumnos. Ésta es una de las principales razones por las que los diferentes gobiernos europeos están tan interesados en apoyar el desarrollo de las iniciativas de educación virtual, puesto que la enseñanza electrónica permite tanto flexibilidad de horarios como flexibilidad en cuanto al número de alumnos que componen un aula, sin que la calidad de la enseñanza se vea afectada, algo que no es posible en un contexto educativo tradicional.

En resumen, las TIC ofrecen a la sociedad actual verdaderos avances en materia educativa, facilitando el acceso de la educación, reestructurando el trabajo del personal docente y ayudando a descongestionar los centros de enseñanza.

En mi opinión, el uso de internet en el mundo de la educación se decanta como la gran innovación educativa de este siglo, aunque habrá que controlar cuidadosamente su implantación para asegurar que ni la calidad ni el acceso a la enseñanza se verán afectados por el uso de las nuevas tecnologías.

decantarse – emerger, mostrarse

Añadir

Complete la lista que elaboró en el ejercicio 1 con las ideas que aparecen en el texto que acaba de leer.

4 Analizar

Observe la estructura del texto y decida a qué sección pertenecen los elementos de la lista.

Introducción	Parte principal	Conclusión
5 Contextualización del debate.		

1 Presentación de las diferentes ideas a favor y en contra.

2 Definición de los elementos descritos en el título.

3 Desarrollo de las ideas principales.

4 Opinión del autor.

5 Contextualización del debate.

6 Explicación y ejemplos relativos a las ideas principales.

7 Pregunta o preguntas presentando las dos posturas que pueden adoptarse con respecto al argumento principal.

8 Resumen de las ideas expuestas.

9 Declaración representativa de las dos caras del debate.

10 Ideas sobre las que se podría seguir debatiendo en el futuro.

5 Decidir

Vuelva a leer la introducción de la composición. Basándose en la tabla del ejercicio anterior, ¿qué elementos ha incluido el autor en su introducción?

6 Buscar

¿Qué palabra o expresión de la composición marca la transición de los argumentos en contra a los argumentos a favor del uso de internet?

¿Y qué palabra o expresión marca el principio de la conclusión?

7 Encontrar

Busque en el texto palabras y expresiones que el autor utiliza para añadir información a cada idea y construir así el argumento.

Ejemplo:

además

8 Poner en común

Ahora en grupos, lean el título sobre el que tendrán que escribir su composición. Un grupo pone en común ideas a favor del título, y el otro ideas en contra.

Título:

Internet mejora la calidad de vida de las personas.

A favor	En contra
Ayuda a las personas a comunicarse.	Aísla a las personas, creando distancia entre ellas.

9 Desarrollar

En parejas (una persona de cada grupo), combinen las ideas que han puesto en común en el ejercicio anterior y completen la tabla desarrollando esas ideas.

Idea principal	Explicación	Otros argumentos de apoyo o ejemplos
Ayuda a las personas a comunicarse.	Es una forma de comunicación muy barata para las largas distancias.	Es muy útil en países sin servicio postal como Guatemala.

10 Ordenar

Decida el orden en el que sus ideas deberían aparecer en su composición y numérelas.

11 Redactar

Utilice el ejercicio 4 como modelo de estructura y escriba su composición de acuerdo con el título facilitado en el ejercicio 8. Recuerde incluir las diferentes ideas y expresiones practicadas en esta unidad. También puede consultar el diccionario.

12 Navegar

Si usted tiene acceso a internet podría llevar a cabo la siguiente actividad: Vaya a su buscador de internet preferido e introduzca las siguientes palabras para localizar el apartado de enseñanza del Instituto Cervantes: *Centro Virtual Cervantes enseñanza*.

Una vez que encuentre el apartado de enseñanza del Instituto Cervantes visite las diferentes secciones anotando qué servicios o actividades ofrecen. Añada un párrafo a su composición poniendo esta página como ejemplo de la utilidad de internet para la educación.

15 Los medios de comunicación

Ustedes van a leer una composición sobre la atención que prestan los medios de comunicación a las vidas de las personas famosas. Después analizarán la manera en la que las diferentes ideas se presentan y enlazan en la composición, para luego escribir una composición sobre un tema similar, trabajando con un compañero/a en la elaboración de la introducción y las ideas principales de su composición.

1 Predecir

Lea el título de la composición de esta unidad y prediga qué vocabulario podrá aparecer en ella.

Ejemplos:

- información
- celebridad

2 Leer

Primero lea la composición por encima para hacerse una idea general. Después lea el texto por segunda vez en detalle, tratando de adivinar sin la ayuda del diccionario el significado de aquellas palabras o expresiones que no conozca ayudándose del contexto en el que aparecen. Tenga en cuenta que aquí no aparece la conclusión de la composición.

Los medios de comunicación no prestan atención a las noticias importantes, sólo a las vidas de los famosos

Hoy en día las personas famosas están más que nunca presentes en nuestras vidas. Aparecen constantemente en la prensa, televisión, radio e internet. ¿Se concentran los medios de comunicación de manera obsesiva en la vida de los famosos o todavía siguen ofreciendo un amplio espectro de información?

A pesar de que los temas más serios de actualidad todavía siguen recibiendo la atención de los medios informativos, estos temas son muy pequeños en número, por lo que es probable que muchas otras noticias de interés no se cubran para poder dedicar más tiempo de emisión a las llamadas 'noticias de sociedad'.

Si bien es cierto que todavía hay programas y publicaciones que tratan exclusivamente temas serios, estos son cada vez menos. Un buen ejemplo de esta creciente oferta de noticias de sociedad son los programas de televisión que se emiten justo antes de las noticias, y que pretenden ser noticiarios en sí mismos del mundo de los famosos.

Lo que ciertamente marca la diferencia es que hoy en día incluso los periódicos que solían ser más serios dedican páginas y secciones enteras a cubrir las noticias de sociedad. Es sorprendente que estas noticias lleguen hasta la portada principal de los periódicos en ocasiones, como celebraciones familiares o rupturas de relaciones de personajes famosos.

Además, sólo hay que contemplar el escaparate de un quiosco de prensa para darse cuenta de la cantidad de 'revistas del corazón' que hay a la venta. Es posible suponer que estén a la venta porque el público demanda este tipo de prensa, pero habría que considerar si su proliferación está marginalizando la producción de otro tipo de publicaciones.

Lo que es evidente es que los famosos no producen un volumen de noticias suficiente para llenar toda la maquinaria comunicativa que les rodea, y en consecuencia no es de extrañar que haya un intrusismo cada vez mayor por parte de los reporteros de la prensa rosa. Cualquier persona relacionada con un famoso puede sufrir el acoso de los reporteros y de los oportunistas que intentan conseguir una exclusiva para poder venderla a una revista.

3 | Buscar

Encuentre en la composición los términos a los que corresponden estas definiciones.

a   publicaciones dedicadas a las noticias de sociedad

b   gama, serie, panorama

c   abundancia, multiplicación

d   intromisión en la vida privada de los demás

4 | Resumir

Resuma los argumentos que aparecen en la composición a favor y en contra del tema expresado por el título.

A favor	En contra
Incluso los periódicos más serios cubren noticias de sociedad.	

5 Decidir

Aquí tiene dos conclusiones posibles para la composición que ha leído. ¿Qué conclusión se ajusta mejor al texto? Justifique su respuesta.

Conclusión A

Para resumir, los medios de comunicación, serios o no, muestran una creciente obsesión por la vida de los famosos, lo que ha llevado a una reducción del volumen de noticias de interés que se difunden, a la vez que han proliferado las revistas del corazón y el intrusismo de sus reporteros en la vida privada de muchas personas.

Conclusión B

Para resumir, los medios de comunicación cubren la vida de los famosos, pero siguen ofreciendo una gran cantidad de información seria. Además, la proliferación de las revistas del corazón se debe simplemente a la gran expansión de los medios de comunicación en la última década, junto con el gran interés del público por este tipo de noticias.

6 Encontrar

Trate de encontrar en la composición de esta unidad dos expresiones cuya función es introducir una idea que será atenuada posteriormente.

Ejemplo:

- **Aunque** existen muchas revistas, muchas no son de calidad.

La conjunción *aunque* introduce una idea atenuada por el resto de la frase.

7 Considerar

¿Qué cree que introducen o describen las siguientes expresiones? (Las dos primeras expresiones de la lista aparecen en la composición de esta unidad.)

- por lo que
- y en consecuencia
- con lo que
- consecuentemente
- por consiguiente

8 Completar

Complete las siguientes frases con la expresión más adecuada de las practicadas en los ejercicios 6 y 7.

1 Los famosos no generan suficientes noticias para llenar todos los espacios informativos de la prensa rosa, _____ cada vez se da más intrusismo en la vida de las celebridades.

2 _____ el público compra las revistas del corazón, debería haber una oferta más variada de otro tipo de publicaciones.

3 _____ la prensa seria sigue prestando atención a los temas más importantes, cada vez cubren más noticias de sociedad.

4 La prensa rosa es un gran mercado, _____ cada vez hay más oportunistas que intentan vender exclusivas a las revistas.

5 La prensa rosa trata principalmente de la vida de los famosos, _____ se entromete en sus vidas.

6 _____ hay publicaciones que sólo cubren temas serios, la cantidad de revistas del corazón es mucho mayor.

9 Elaborar

A continuación tiene tres ideas. Utilizando las expresiones practicadas en los ejercicios anteriores escriba para cada idea una frase que atenúe la idea y una frase que exprese una posible consecuencia de esa idea.

Ejemplo:

- La prensa del corazón es muy intrusista.

Atenuación: Si bien es cierto que la prensa del corazón es muy intrusista, a los famosos no les molesta esa intrusión.

Consecuencia: La prensa del corazón es muy intrusista, por lo que vulnera la privacidad de las personas.

1 Las personas famosas tienen muy poca vida privada.

2 El público desea conocer las vidas de los famosos.

3 Las vidas de los famosos son escrutadas por la prensa rosa.

10 Reflexionar

Ahora en parejas, lean el título sobre el que tendrán que escribir su composición y escriban una pregunta. La pregunta debe plantear argumentos a favor y en contra del título.

Título:

Los famosos deberían comportarse de manera responsable porque muchas personas les consideran modelos a seguir.

11 Poner en común

Ahora, también en parejas, pongan en común ideas que pueden responder a la pregunta que han planteado en el ejercicio anterior. Estas ideas formarán el cuerpo de la composición que ustedes van a escribir. Decidan qué argumentos tienen mayor peso y en qué orden deberían aparecer en su composición.

Primera parte de la pregunta	Segunda parte de la pregunta

12 Redactar

Escriba su composición individualmente de acuerdo con el título facilitado en el ejercicio 10. Recuerde incluir las diferentes ideas y expresiones practicadas en esta unidad. También puede consultar el diccionario.

13 Navegar

Si usted tiene acceso a internet podría llevar a cabo la siguiente actividad: Vaya a la siguiente página de una revista del corazón española: **http://www.hola.es**

Allí lea los diferentes titulares y decida qué noticia de las ofrecidas puede suponer una intromisión en la vida de las personas de las que se habla.

Ponga en común con sus compañeros/as las noticias seleccionadas y voten en clase sobre cuál es la noticia más intrusiva.

Grammar checklist

Once you have drafted your work and copied it carefully into its final presentation, it is absolutely essential that you carry out a final check for accuracy. You must check the following aspects of all written work.

Title:
....

....

Checks have been made for:	✓
Gender of nouns (masculine or feminine)	
Agreement of adjectives with nouns	
Agreement of determiners with nouns (*el / la / los / las*; *un / una / unos / unas*; *este / esta / estos / estas*; etc.)	
Agreement of subject and verb (verb endings)	
Preceding direct object agreement	
Choice of verb tenses	
Choice of *ser / estar*	
Agreement of past participles	
Choice and position of pronouns	
Use of the subjunctive	
Spelling	
Punctuation	

Acknowledgements

The publisher wishes to thank the following sources for their kind permission to reproduce copyright material:

Illustrations and Graphs

Tim Ollerenshaw (p21 and p25), Sue Ollerenshaw (p48)

Photographs

© Yuri_Arcurs – Fotolia.com (cover), © Yuri_Arcurs – Fotolia.com (p3), © Orangeline – Dreamstime.com (p4), © Yuri_Arcurs – Fotolia.com (p8), © Andres Rodriguez – Fotolia.com, © Paulus Rusyanto (p12), © Piotr Sikora – Fotolia.com (p12), © Rafa Irusta – Fotolia.com (p13), © Paul Fisher – Fotolia.com (p13), © urosr – Fotolia.com (p14), © Graça Victoria – Fotolia.com (p15), © Glenn Young – Fotolia.com (p16), © Alexander – Fotolia.com (p17), © granitepeaker – Fotolia.com (p17), © Daniel Fuhr – Fotolia.com (p18), © Stephen Coburn – Fotolia.com (p18), © Pavel Losevsky – Fotolia.com (p20), © Olga Lyubkina – Fotolia.com (p20), © Martial Marbouty – Fotolia.com (p21), © Dmytro Fomin – Fotolia.com (p21), © JCVSTOCK–ES – Fotolia.com (p22), © Liv Friis–larsen – Fotolia.com (p22), © Harry Macias – Fotolia.com (p23), © Simone van den Berg (p23), © Vladimir Melnik (p23), © Richard Styles – Fotolia.com (24), © Vladislav Gajic (p24), © robdigphot – Fotolia.com (p26), © Franz Pfluegl – Fotolia.com (p26), © coppiright – Fotolia.com (p27), © Yuri Arcurs – Fotolia.com (p27), © DWP – Fotolia.com (p27), © Monkey Business – Fotolia.com (p27), © bruno alves – Fotolia.com (p29), © Rafael Ruiz – Fotolia.com (p29), © abarro – Fotolia.com – Fotolia.com (p30), © Jose Hernaiz – Fotolia.com (p30), © Jose Hernaiz – Fotolia.com (p31), © Cobabunga – Fotolia.com (p31), © Javier Gil – Fotolia.com (p32), © Betsy Baransk – Fotolia.com (p33) ,© alexmarchese.it – Fotolia.com (p33), © Dantok – Fotolia.com (p33), © Graça Victoria – Fotolia.com (p34), © rrruss – Fotolia.com (p34), © Danielle Bonardelle – Fotolia.com (p35), © Franz Pfluegl – Fotolia.com (p35), © Paco Ayala – Fotolia.com (p36), © ktsdesign – Fotolia.com (p36), © nyul – Fotolia.com (p37), © Vlad Kochelaevskiy – Fotolia.com (p38), © Julian Addington–Barker – Fotolia.com (p38), © Kati Molin – Fotolia.com (p39), © pressmaster – Fotolia.com (p39), © Paulus Rusyanto – Fotolia.com (p39), © Mikhail Tolstoy – Fotolia.com (p40), © Kay Ransom – Fotolia.com (p40), © Steven Brown – Fotolia.com (p41), © Paco Ayala – Fotolia.com (p41), © sasha – Fotolia.com (p41), © Valeria73 – Fotolia.com (p42), © Paper Gir – Fotolia.com (p43), © Pinosub – Fotolia.com (p44), © sasha – Fotolia.com (p45), © AS_Magus – Fotolia.com (p45), MI – Fotolia.com (p46), © Gerrit de Vries – Fotolia.com (p47), © alphosyle – Fotolia.com (p47), © Rafa Irusta – Fotolia.com (p47), © Andres Rodriguez – Fotolia.com (p47), ClubCultura.com (p49), © mipan – Fotolia.com (p47), © Ferenc Szelepcsenyi – Fotolia.com (p49), © raven – Fotolia.com (p49), © Copyright 2008, Roberto Gordo Saez (p50), © Anne BARROIL – Fotolia.com (p51), © Alexey Klementiev – Fotolia.com (p52), © SSilver – Fotolia.com (p52), © Petra Röder – Fotolia.com (p53), © Pedro Nogueira – Fotolia.com (p54), © pressmaster – Fotolia.com (p55), © deanm1974 – Fotolia.com (p55), © Stas Perov – Fotolia.com (p55), © drx – Fotolia.com (p55), © Pedro Nogueira – Fotolia.com (p57), © Paco Ayala – Fotolia.com (p58), © Eric Isselée – Fotolia.com (p58), © Eric Isselée – Fotolia.com (p59), © Freddy – Fotolia.com (p59), © sebastien nardot – Fotolia.com (p60), © ctacik – Fotolia.com (p61), © Monkey Business – Fotolia.com (p61), © Eric Isselée – Fotolia.com (p62), © Agnyeshka – Fotolia.com (p62), © mashe – Fotolia.com (p63), © Yuri Arcurs – Fotolia.com (p64), © Alex Yeung – Fotolia.com (p64), © Vladimir Konjushenko – Fotolia.com (p65), © Frank Axelsen – Fotolia.com (p65), © robdigphot – Fotolia.com (p66), © AZPworldwide – Fotolia.com (p67), © foto.fritz – Fotolia.com (p67), © Pefkos – Fotolia.com (p68), © Greg – Fotolia.com (p68), © greg – Fotolia.com (p69), © tlorna – Fotolia.com (p70), © ktsdesign – Fotolia.com (p71), © Andres Rodriguez – Fotolia.com (p73), © Marc Dietrich – Fotolia.com (p73), © Yuri Arcurs – Fotolia.com (p75), © Galina Barskaya – Fotolia.com (p76), © endostock – Fotolia.com (p77), b – Fotolia.com (p77), © D.Ducouret – Fotolia.com (p78), © STEFFAN emmanuel – Fotolia.com (p79), © .shock – Fotolia.com (p79), © Franz Pfluegl – Fotolia.com (p80), © ivanastar – Fotolia.com (p80), © Photosani – Fotolia.com (p82), © pressmaster – Fotolia.com (p83), © Phaif – Fotolia.com (p83), © parazit – Fotolia.com (p84), © fox17 – Fotolia.com (p84), © dean sanderson – Fotolia.com (p85), © Yuri Arcurs – Fotolia.com (p85), © FotoWorx – Fotolia.com (p86), © JCVSTOCK–ES – Fotolia.com (86), © Violetstar – Fotolia.com (p87), © Lee Torrens – Fotolia.com (p87), © Ivan Khafizov – Fotolia.com (p88), © Galyna Andrushko – Fotolia.com (89), © starush – Fotolia.com (p90), © Andrea Veneziano – Fotolia.com (p91), © Kirill Zdorov – Fotolia.com (p91), Fotolia.com (92), © Stas Perov – Fotolia.com (p93), © BAO–RF – Fotolia.com (p93), © Mahir Ates – Fotolia.com (p94), © godfer – Fotolia.com (p95), © Photosani – Fotolia.com (p96), © Couperfield – Fotolia.com (p97), © Laurin Rinder – Fotolia.com (p98), © Kwest – Fotolia.com (p98), © Marijus – Fotolia.com (p98), © Ramon Grosso – Fotolia.com (p99), © Suprijono Suharjoto – Fotolia.com (p99), © photoGrapHie – Fotolia.com (p100), © Graça Victoria – Fotolia.com (p101), © JCVStock – Fotolia.com (p102), © Galina Barskaya – Fotolia.com (p102), © shadowvincent – Fotolia.com (p103), © Galina Barskaya – Fotolia.com (p104), © Suprijono Suharjoto – Fotolia.com (p104), © Comugnero Silvana – Fotolia.com (p105), © Jari Aherma – Fotolia.com (p105), © rgbspace – Fotolia.com (p106), © Slawomir Jastrzebski – Fotolia.com (p106), © olly – Fotolia.com (p107), © Stephen Coburn – Fotolia.com (p109), © Monkey Business – Fotolia.com (p110), © Virginie CASTOR – Fotolia.com (p110), © Lorelyn Medina – Fotolia.com (p111), © gajatz – Fotolia.com (p111), © Naive – Fotolia.com (p111), © karaboux – Fotolia.com (p112), © Yuri Arcurs – Fotolia.com (p113), © EastWest Imaging – Fotolia.com (p114), © Stephen Coburn – Fotolia.com (p114), © Graça Victoria – Fotolia.com (p115), © Mavka – Fotolia.com (p116), © Dmytro Konstantynov – Fotolia.com (p117), © Pics on stock – Fotolia.com (p117), © Jerome Dancette – Fotolia.com (p118), © KonstantinYuganov – Fotolia.com (p118).